妈妈可以生气

—吼娃又后悔的心理治愈课

〔韩〕金芝惠 著

刘亚斐 译

湖南教育出版社

目录

前言：了解生气，就能了解我们的内心 ·········· 1

第一章 你了解生气的真相吗？

我总对孩子发火，不配当好妈妈 ········ 003
→ 妈妈也可以生气，生气并没有错

为什么我每天动不动就生气？ ········ 011
→ 妈妈们生气是有原因的！

好端端地什么突然生气？ ········ 019
→ 生气只是假情绪，我们需要找到背后的真相

本来不想发火，但还是忍不住冲孩子发脾气 ········ 030
→ 别让他人为你的情绪负责

1

老公不把我放眼里，让我超级生气 ········· 038
→ 生气源自我们单方面的"解读"

第二章　正确表达生气的方法

生气得快要抓狂时，我们应该怎么办？ ········· 049
→ 发泄出来很痛快，但留下一堆烂摊子

每次生气都会后悔自己不该那样说 ········· 056
→ 先复盘，再说话

好像总是在威胁、强迫孩子 ········· 064
→ 孩子的需求与我们的需求同样重要

担心伤害孩子的自尊心，不敢管教孩子 ········· 072
→ 教育孩子正是为了培养孩子的自尊心

我又发飙了，真担心孩子因此受伤害 ········· 083
→ 真诚的道歉能够治愈孩子心中的创伤

自私的老公真讨厌！ ········· 090
→ 想要守住自己的底线？你要说出来

第三章　当孩子生气时，我们该怎么办？

孩子为什么这么容易生气？　⋯⋯⋯ 105
→ 先天和后天两种原因的共同作用

孩子发脾气，是不是因为不把妈妈放在眼里？⋯⋯⋯ 111
→ 孩了发脾气，其实不关妈妈的事

孩子发脾气我们都要体谅吗？　⋯⋯⋯ 116
→ 包容到什么程度，取决于妈妈自己的选择

孩子的心好难懂　⋯⋯⋯ 123
→ 慢慢来，但求尽力，不求完美

孩子一生气就大喊大叫，乱扔东西怎么办？⋯⋯⋯ 131
→ 让孩子自己反省，自己负责

第四章　生气居然可以预防？

疲惫的时候更容易生气　⋯⋯⋯ 143
→ 事后收拾残局，不如事先预防

我们其实并不了解自己的情绪 ········· 151
→ 用生气日记观察自己的情绪

对的就是对的，这也要吵？ ········· 157
→ 先想一想，这件事真的是"对"的吗？

每次看到我妈的生活，我都快窒息了 ········· 164
→ 她的生活是她的，你的生活是你的

老公越看越讨厌，吵架并不能解决问题 ········· 171
→ 越是紧盯着对方不放，越容易生气

第五章　生气训练实战：生气时可以这样做

说了五六次都不听，怎么可能不生气？！ ········· 181
→ 具体表述出你希望对方怎么做

怎么办？孩子不分青红皂白，什么事都怪妈妈 ········· 189
→ "认清现实"与"替代方案"

为什么我只对我家二娃发脾气？
→ 因为孩子要么与你太相像，要么与你太不像 ········· 198

儿子脾气暴躁，浑身是刺，我该怎么办？ ·········· 208
→ 有问题的是孩子的行为，而不是孩子本身

·········· 220

六岁孩子还有分离焦虑，我真的好累
→ 焦虑，越是用力克服越是来势汹汹

后记：未来的人生，取决于我们此刻的选择 ·········· 231

附录 ·········· 235

情绪表格 & 需求表格

* 书中使用的案例均已取得当事人的同意，而且进行了一
定程度的改写，以更好地保护个人隐私。

前言
了解生气，就能了解我们的内心

在我们的日常生活中，生气无处不在。我七岁的儿子经常冲着调皮捣蛋的弟弟挥舞拳头；因为公司业绩不景气，丈夫拉着个苦瓜脸回家；面对无理取闹的顾客，超市收银员只能把脏话往肚子里咽。哪有人在生活中不会面临生气的情况？

至于养娃时我们生过的气，就更不必说了，妈妈们都懂。面对半夜突然醒来、无休无止哭闹的孩子，面对在三九寒冬里仍然坚持要穿夏天的衣服出门的孩子，我们会发脾气；而转头看到对家里这一摊子鸡飞狗跳无动于衷、只盯着手机看的老公，真想冲上去吼他一顿；公公婆婆不仅不帮忙，而且还各种挑刺找茬儿；自己的爹妈对我不闻不问，但是对宝贝孙子却呵护得紧……我的怒火开始噌噌燃烧起来。这时候，你告诉我，要做一个温和而坚定的妈？？

尽管生活中大大小小的事都让人恼火，但是大多数人对生气其实一无所知。我们为什么会生气？当我们生气时，应该将怒火发泄出来好还是按压住好？对孩子发火时，达到什么程度就应该适可而止？对于这些问题，只有极少数人才能充满自信地作出回答。我们在学生时代学习过英语，学习过数学，但是却没能学习如何处理自己的情绪。因此，我们每次生气时，都会陷入一片混乱。

你会不会因为自己冲孩子——那个世界上你最珍爱的人发脾气而讨厌自己？你是不是十分不理解，为什么自己一而再再而三下定决心不再冲孩子发脾气，结果却还是忍不住大发雷霆？你冲孩子发完脾气后，会不会反过来担心孩子因此受到伤害，对孩子感到抱歉，滋生负罪感？你是否羡慕过邻居家的妈妈，遇到令人生气的情况居然还能够按捺住脾气，轻声细语地教育孩子？

你想要正确地表达自己的愤怒吗？你希望自己不生气吗？你想收放自如地控制自己的脾气吗？那么接下来，你需要花时间去了解生气这件事。

在我们的各种情绪中，生气是最为复杂的一种。我们虽然会感到抱歉、感到惋惜，但还是会抬高嗓门。迷茫的未来与疲惫的身体让人焦躁不安，而我们进行排解的方式就是向老公和孩子发泄怒火。我们生气，可能是因为很久以前留下的伤口又开始隐隐作痛，也可能是因为想要掩盖自己内心的某个黑暗的角落不被发现。生气连接着我们内心更深处的情感，也与我们的欲求、信念有所关联。因此，如果你了解生气，就能够更加深入地了解自己的内心世界。

一直以来，有几个问题让我百思不得其解。那就是：当我内心感到痛苦时，应该如何去做；我从何处才能寻求到内心的平和；我该怎么做才能调节自己的内心状态，使自己不再因为他人的指责而动摇；而且，我是否真的有可能达到这种境界。为了寻求这些问题的答案，我开始旅行、冥想、做瑜伽、做情绪训练、学习如何对话……历经20多年的漫长旅程，我才终于能自信地去回答这些问题。不过，我学习的并不是如何掌控自己的内心，而是如何完整地接纳自己的内心；我学习的不是如何游刃有余地进行人际交往与对话，而是怎么与对方内心相通。

我也给妈妈们主讲了一堂名为"妈妈·心灵训练"的人生指导课，帮助妈妈们设计自己的人生。在课堂上，妈妈们面对面坐在以"非暴力对话"为主题开设的"对话教室"里，敞开心扉说出一直困扰自己的苦恼，然后妈妈们会发现，自己并不是一个人，大多数妈妈都有相同的困扰。

妈妈们曾这样问过我："老师，无论我怎么学习沟通的方法，只要一生气就忘得一干二净，结果又开始对孩子发火。请您教教我怎样才能不生气。"

冲孩子发脾气后非常后悔，但是下一次仍旧会冲孩子发脾气——我遇到的妈妈们，都在陷入这个循环。我仔细观察过，发现在许多情况下，妈妈们并不是在生气，而是一种其他的情绪，只是妈妈们并没有辨识出来；而且妈妈们的怒火其实来自其他方面，并不是真的针对孩子。我们只看到妈妈们经常生气，但我们没看到的是，她们忍耐下去的怒火更多；而怒火发泄过后，她们更会重复反省自己的错误，并感到非常痛苦。

我与许多妈妈一样，摆脱不了情绪的影响。我曾经非常讨厌惹我生气的人，发完脾气后也会一直自责。因此，我写下这本书，希望将自己学到的内容和妈妈们一起分享。我们内心的怒气爆发源于各种不同的人际关系及状况，因此我希望在本书中能够立体地呈现作为妈妈可能会经历的一些状况，而不仅仅局限于亲子关系。我在书中毫无保留地分享了我所学、所用、所教的内容。为了能够最大限度地提供实际的帮助，我在撰写此书过程中颇费了一番功夫，希望无论身处何种境况的妈妈都能从中有所收获。

本书共分为五个章节：

· 第一章将会告诉你，我们对生气这件事其实有着诸多的误解。通过此章内容，我们将会了解如何将生气与其他情绪进行区分，并且明白我们生气的真正原因。

· 第二章将会介绍生气时的应对方式：如何在生气时做到迅速冷静下来；在我们的怒火蔓延至语言与行动之前，我们应当考虑什么；当孩子与父母都很生气时，如何进行调解；如何用不伤害自尊的方式管教孩子，以及发完脾气后如何进行道歉。

· 第三章将会告诉你，当孩子生气时，我们该怎么做；为什么有些孩子非常容易生气；孩子生气时我们首先应该注意什么；如何读取孩子的内心；如何培养孩子的情绪调节能力。

· 第四章主要围绕"我们能做到不生气吗"这个问题进行回答。我们将从预防生气的生活习惯讲起，以及对于我们想要摆脱的、内心已经形成的既定观念，如何全盘接受它。

· 第五章将会提供实用的解决办法，帮助妈妈们摆脱容易生气的烦恼。面对屡教不改的孩子、把什么事都责怪到妈妈头上的孩子、因为和妈妈分开而每天哭个不停的孩子以及让人格外头疼的二孩……身处这些情境下的妈妈们实在难以抑制自己的怒火，对此，我们可以尝试本章介绍的几种应对办法。

其实，生气这一问题并不仅仅出现在家庭中。长久以来，某些特权阶层的颐指气使，发生在幼儿园里的儿童虐待，还有校园霸凌、无差别犯罪①等许多严重的社会问题都与人们已经形成习惯的愤怒倾向有关。

就像家暴会遗传给下一代，我们的愤怒倾向也会遗传给下一代。而且，生气有着特定的传递方向，那就是由上到下。比如，董事长对高管发火，高管就会对部门经理发火，而部门经理转头就会对员工发火，员工回家后就向妻子发火，妻子则冲大儿子发火，大儿子就会向小儿子发火，小儿子则将愤怒转移到比自己更弱小的猫上。这在心理学上，就是"踢猫效应"，是一种典型负面情绪的传染。而在一个家庭里，生气层层传递，常常会积压到孩子们身上。如果不想再让孩子成为他人愤怒的出气筒，就需要有人来切断这一连锁反应。而这个切断连锁反应的人，就是正在阅读本书的你。

我希望你在受到不公正的待遇时，能够以恰当的方

---

① 无差别犯罪：犯罪嫌疑人和被害人没有仇怨，随机选择作案目标或作案对象的案件。——译者注

式表达自己的愤怒。

我希望你不要再让孩子成为无辜的出气筒，哪怕对孩子发火，也掌握好分寸，不会伤害到孩子。

我希望你生气时，不要再与他人互相攻击、两败俱伤，而是主动传递这样一种信号——我期待与你彼此增进理解。

要做到这些，你需要走过一段漫长的旅程。不过，千里之行，始于足下。我们的愤怒，应当由我们自己来掌控。

那么现在，就让我们开启这段旅程吧。

第一章 你了解生气的真相吗？

我总对孩子发火，不配当好妈妈
→ 妈妈也可以生气，生气并没有错

"刚才又对孩子发火了……我真不是个好妈妈。"

"这可怎么办？我竟然对着才 25 个月大、正处于幼儿叛逆期的孩子发火，我真是没耐心啊。本来打算要二胎，但是又觉得自己不配当孩子的妈妈，我感觉自己好失败。"

这是我在网上连载"说话术"时收到的部分留言。冲孩子发火后，反倒后悔得抓心挠肝甚至流泪痛哭的妈妈不在少数。她们陷入深深的自责，甚至还给自己贴上"不是好妈妈"的标签，并且决心痛改前非，"从明天开始绝不再对孩子发火"。

然而到了第二天，大概率被啪啪打脸，而且怒气有过之而无不及。于是，妈妈们只好陷入不停自责的恶性循环，甚至还流行起了"白发晚省"①这个新造词语，意为"白天对孩子大发雷霆，晚上却深刻反省自己"，就是妈妈们的真实写照。

许多育儿书籍里都会写道："父母对孩子发怒会毁掉孩子。"也许正是受这句话的影响，我在与妈妈们聊到"生气"这个话题的过程中，发现妈妈们身上存在一些共同点。其中，最主要的一点是，妈妈们都认为自己"不可以生气"。尽管嘴上说着"养育孩子那么辛苦，难免会有生气的时候""孩子犯了错，当然要生气"，但妈妈们还是为自己无法成为"从不生气的温柔妈妈"而苦恼。

可是，为什么妈妈们不能生气呢？而且，真的有人能做到不生气吗？我们又不是佛祖或耶稣那样的圣人。身为平凡的普通人，将"成为不生气的妈妈"当作目标真的现实吗？我们在努力做到不生气的过程中，难道就没有损失什么吗？

"不生气的妈妈"是育儿书籍里才会出现的并不现实的存在。现实生活里，所有的妈妈都会生气，只是程度有所不同罢了。那么，我们生气的程度会不会存在什么问题呢？

---

① 韩国近年来出现并流行的网络新造词。——译者注

如果你想进一步了解有关自己生气的情况，可以看一看下方的愤怒自测表。请你回想过去 6 个月以来你的自身感受或者周围人的评价，逐项进行判断，然后再将所有回答"是"的所在项分数相加，计算总和。

1	我不能很好地应对自己出现神经质的情况	（1分）
2	冲别人发火后我会感到慌张，产生罪恶感	（2分）
3	有人说过我表达愤怒的方式有问题	（2分）
4	我表达愤怒的方式限制了我在家庭、职场中发展家人、朋友等重要人际关系	（3分）
5	曾有关心我的人极力建议我寻求帮助，调整自己愤怒的方式	（3分）
6	我曾因发泄愤怒的方式不当而陷入严重的危机。例如受到公司的惩罚、在路边大喊大闹被抓了起来，或是触犯法律问题、伤害别人或自己，或是导致分居乃至离婚	（4分）
共计：_____ 分		

此表出自《掌控愤怒》*Taking charge of anger*（罗伯特·奈尔著，韩国西格玛出版社，2015）

如果总分低于 2 分，那么你可以松一口气。因为 0～2 分属于平均水平，也就是说，日常生活中我们的愤怒程度都在这个区间，而且你的愤怒方式已经能够充分释放你的坏情绪。如果总分在 3～5 分之间，就意味着你接下来需要做出一些改善，你需要努力提高自己调节愤怒的能力，否则再这样下去，你的人际关系将会受到严重影响。如果你的总分超过 6 分，尤其是如果你对于第 6 项给出"是"的回答，那么你表达愤怒的方式亟须作出改变。这时，请你马上联系精神科医生，寻求专业人士的指导。

如果你的得分只有 1～2 分，却还认为"我太容易生气了！我的问题太多了！"，那么你需要注意，你对自己实在是过于苛责了。你需要多多认可自己的努力，肯定自己的付出，更加宽容地面对自己的情绪和欲求。反过来，如果你的得分在 3 分及以上，却坚持认为"别人都会这么生气，这很正常"，愤怒问题就被你大事化小，得不到应有的解决，将一点点侵蚀你的健康，蚕食你的人际关系。

不过，我们不能说得分低一定是"好妈妈"，得分高一定是"坏妈妈"。所谓"好妈妈"与"坏妈妈"只是根据我们自身的价值标准作出的判断而已，而每个人都有一套各自不同的价值判断标准。对于有的妈妈来说，"好妈妈"的最高标准就是为孩子准备健康的有机食品；然而在有的妈妈看来，即使孩子选择高糖、放有各种添加剂的垃圾食品，那也是他们的权利，而"好妈妈"的最高标准就是应当尊重孩子自由选择的权利。有这样两类父母：第一类父母为孩子提供了最好的教育环境和养育条件，但是情绪调控能力十分差劲；第二类父母只能勉强保证孩子温饱，但是情绪调控能力却很优秀。如果要我们从中选出哪类父母更好，我们依据的也都只是自己的那套价值评判标准，至于生气与否也只是这众多评判标准中的一项而已。

有的妈妈会有这种想法："如果我生气，我就是坏妈妈。"这种想法的前提是"如果我生气，我就是坏人"，甚至是"生气是坏情绪"。

比如，我曾经目睹过这样的情景，一个小女孩因为自己在幼儿园制作的卡片被撕坏而大发脾气，她的奶奶在一旁这样管教她：

"如果你生气，就不是好孩子了。怎么能说这么难听的话。"

另外，有的妈妈在听到自己 5 岁的女儿说"啊，烦死了！"后大吃一惊，紧紧揪住女儿如此说道：

"不许说这样的话。如果你说这种话，好事也全变坏事了。"

那么，生气真的是不好的事情吗？我们应当把生气和烦躁统统踢出自己的生活吗？我们不允许表达自己很生气，甚至也不允许感受自己生气的情绪吗？如果我们的生活没有生气、没有烦躁，真的就会一片美好吗？

无论何时何地，无论男女老少，生气是每个人普遍拥有的一种情绪。心理学家将人类的情绪分为六到十种不等，其中罗伯特·普鲁奇克（Robert Plutchik）提出八种基本情绪（恐惧、愤怒、高兴、悲伤、信任、厌恶、期待、惊讶），而保罗·艾克曼（Paul Ekman）则将情绪分为六种（恐惧、愤怒、幸福、厌恶、悲伤、惊讶）。孩子们喜爱的电影《头脑特工队》中则出现了五个代表情绪的卡通形象，它们分别是快乐（乐乐）、忧伤（忧忧）、愤怒（怒怒）、厌恶（厌厌）、害怕（怕怕）。然而，无论哪种情绪分类都离不开"愤怒"。在人类迄今为止漫长的进化史中，愤怒这一情绪一直不曾消失。这是因为，愤怒也具有它所能发挥的正向功能。

愤怒的主要功能就是自我保护。当我们遭受不公正的待遇，被提出无理的要求，被堵住去路时，"愤怒"这一警铃就会响起，发出类似于"有情况！迅速解决！"的信号。然而，如果我们认为"生气是不好的"，就不会理睬这一信号。这样一来，我们遭受不公正的待遇时也习惯保持沉默，面对无理的要求也无法拒绝，被人挡住去路也只好选择绕远路。与其他所有情绪一样，"愤怒"也是我们不可或缺的情绪，是我们应当正视、应当认真倾听的好朋友。

　　当然，愤怒的情绪与发泄愤怒的行为是两码事。我们再怎么生气，也不意味着做出任何行为都是允许的。用嘴咬、用手掐、用棍子打……这些身体暴力行为与"都是因为你""再这样我是不会放过你的"等语言暴力、辱骂行为一样，都是不好的行为。我们原原本本地接纳自己包括愤怒在内的所有情绪，但是在行动上却应该向着正面的方向积极做出改变。

　　所有的妈妈都会从身为母亲的立场出发，为了孩子动用自己一切的知识和经验。正在阅读本书的你也是这样吧？然而，即便如此，你仍然为自己贴上"坏妈妈"的标签而不是"仍有不足的妈妈"，这样做是不是过于苛刻？

　　其实，经常生气的妈妈并不是坏妈妈，而是疲惫的妈妈。妈妈们要忍受初次育儿带来的焦虑和不知所措，还要持家过日子，再加上经济压力、与老公之间的矛盾，妈妈们身心俱疲，情绪调节能力也会随之跌到谷底。

　　其实，经常生气的妈妈并不是坏妈妈，而是忙碌的妈妈。为了迎合社会的标准和周围人的期待，妈妈们不得不鞭策自己不断向前进步，久而久之就会变得无暇顾及孩子细微的情绪波动。

其实，经常生气的妈妈并不是坏妈妈，而是"饥饿"的妈妈。孩子们希望引起妈妈的关注时，会大喊"妈妈真讨厌！"同样的，妈妈们因为渴望被认可、被爱而"挨饿"时，因为无法鼓起勇气喊出"我想被爱""我需要被认同"，"饥饿"就会转化为生气。

其实，经常生气的妈妈并不是坏妈妈，而是背负着伤痛的妈妈。妈妈们不愿再直视自己心中的伤痛，也不愿再向其他人流露自己的伤痛，于是她们用"生气"的方式为自己披上一层又一层坚硬的铠甲。可是在坚硬的铠甲之下，却是妈妈们滚烫的、撕裂的、已经磨烂皮肉的伤痛。

为什么我每天动不动就生气?
→ 妈妈们生气是有原因的!

我曾经向参加生气训练营的妈妈们询问过这样一个问题:"你一般什么时候生气呢?"她们给出最多的回答是:"孩子不听话的时候。"妈妈想让孩子乖一点,可是孩子依旧闹腾个不停;妈妈喊孩子过来吃饭,可是孩子仍然不紧不慢地到处溜达;妈妈嘱咐孩子和小伙伴好好相处,可是孩子竟然和小伙伴打了一架;妈妈催促孩子该去上幼儿园,可是孩子充耳不闻仍埋头搭积木……而且,哪怕孩子再长大一点也还是这样:放学回家后的第一件事就是打开 Pad。

孩子不听话的时候太多了,简直数不过来。孩子还小的时候,我们会因为孩子太小听不懂话而生气;可是等孩子长大一点,能听懂我们说话,我们又会因为孩子不愿听话而生气。妈妈已经反复唠叨过无数次,可是孩子依旧我行我素，面对这种情况，妈妈会大发雷霆，甚至会产生深深的无力感。没有百分之百听话的孩子，尽管妈妈们也知道这一点，可面对孩子当下的问题，还是免不了大发脾气。

人们会生气，主要有以下三种原因：

第一，实现目标的过程受阻。你原本打算晚上把孩子哄睡后刷一会儿手机，没想到孩子怎么也不肯乖乖睡觉，面对这种情况，你能不生气吗？你好不容易把孩子哄睡，刚打开手机准备追剧，孩子又被喝得醉醺醺回家急于展现"父爱"的老公吵醒，面对这种情况，你难道不想"活剐"了老公吗？人们都希望自己能够在规定时间内把计划完成，把目标实现。可是如果这一实现目标的过程受到阻碍，就会让我们生气不已。

第二，越界。每个人都需要时间、空间和心理的三种自我边界，来守护自己的安全感。然而，当公婆招呼也不打，就突然闯进家门，或是当我在房间里给孩子哺乳时，他们也不敲门就直接推门而入……我们不可避免地会生气，因为"边界感"被破坏了。而且，我们喜爱的物品也代表着个人的边界感，当孩子在你喜欢的包包上乱涂乱画时，当孩子把你钟爱的口红搞得乱七八糟时，你都会大发雷霆；就像当有人不打招呼私自拿走了你老公最爱惜的钓鱼竿，老公也是会发怒的。这些都是因为，我们的边界感受到了侵犯，让我们缺失了安全感。

第三，自尊心受损。每个人都希望自己的存在价值受到认可，渴望得到他人的尊重。如果别人对你不屑一顾，你就会感到很生气。于是，当老公冷嘲热讽"带个孩子能有多辛苦？明明没做多少事，每天还这么多唧唧歪歪！"时，当婆婆训斥你"你丈夫一个人挣钱养家太辛苦了，你也别总是在家闲着，出去找点事做，赚点钱吧"时，当娘家的母亲责怪你"怎么能把家里搞成这个样子？照顾孩子再辛苦，也要把家里打扫得干干净净！"时，你身为妈妈的自尊心已经降至冰点，但心中的火气却越烧越旺。

以上提到的三种原因都在敏智身上有所体现。敏智是两个孩子的母亲，一个孩子七岁，另一个孩子只有四岁。一直以来，她依靠兼职工作勉强维持着职场生涯。然而，由于房价暴涨，她搬到了首尔郊外，上下班的通勤时间也随之拉长，她终于耗不起，辞掉了工作。过去，她有公司予以的认可和工作带来的成就感，职场妈妈的生活就算再苦再累也能坚持下去。可是现在，她失去了能够从中获得认可的工作，就很难寻找到自己存在的价值。丈夫下班后什么家务都不做，还对她说："你在家看个娃能有多辛苦？我在外头赚钱才累！"而且，四岁的孩子还没上幼儿园，这让她每天真正闲下来的私人时间连一小时都不到。雪上加霜的是，自从她辞掉工作后，家里的收入减少，日常支出和孩子的教育支出却在增加，她需要背负更沉重的经济压力。至于存钱、买房、保持精力充沛、做一个温和的好妈妈……这些目标全都在巨大的压力之下化为泡影。

敏智说，自己总是在生气，对孩子们也是动辄大声训斥。七岁的孩子讨厌她："为什么不给我买玩具？"而四岁的孩子则一刻都不肯离开她，无论做什么都要和她一起，让她完全没有喘息的空间。而至今未能经济独立的娘家父母也让她怒气冲冲，对家里的一切不闻不问的丈夫就更不用说了。

敏智辞职后，每天都活得像一只刺猬，浑身竖满尖尖的刺。那么，她的愤怒到底从何而来呢？说到底，敏智的怒火来自"日渐低下的自尊感"。她的能力曾备受公司认可，可是现在却毫无用武之地；不仅如此，她失去了经济能力，被迫开启家庭主妇模式，还得不到家人的肯定，自己也无法认可自己，心中充满了挫败感。因此，在这种情况下，当别人指责她"你怎么每天都这么生气？这种事情用得着这么生气吗？"时，就会激起她心中更大的怒火，从而使自己和孩子们都被这种怒火牢牢裹挟，难以挣脱。

敏智在进行一对一训练时，把心中因抑郁、挫败感而积压的怒气向我倾吐了个痛快，同时她也醒悟到，自己"必须工作"。然而，虽然嘴上这么说，但是敏智并不想回到从前，重启长距离通勤的职场妈妈模式。因为在渴望工作的同时，她也越来越强烈地希望自己能够陪伴孩子们一起长大。于是，她为自己制订了这样的计划：在孩子们全部升入初中前，自己每天白天拿出4～5小时工作，来保证自己不与职场脱节。在明确了解生气的原因和生气传递的信号，并遵从自己的想法制订了未来计划后，敏智长长地舒了一口气。

从来没有什么"无名火"，我们每一次的生气都是有原因的。如果你对于自己生气的情绪听之任之，或者总是没来由地生气，那么这其实意味着你对生气的了解还十分欠缺。如果你一直无缘无故地发火，那么是时候停下来，好好审视自己生气的原因了。

生气有许多种原因，应对生气的方式也是多种多样。一般来说，生气的应对类型大致有以下五种。

第一种是压抑型。压抑型的人在生气时，不会表面发作出来。他们被"和为贵"的思想牢牢束缚，为了追求和睦，他们会掩盖自己的真实情绪，有时还会对客观存在的生气情绪予以否认。这一类型的人即使自己心中不满也不愿流露,周围的人并不知道他们其实很生气。他们习惯于忍受、压抑自己的情绪,久而久之,他们对于愤怒之外的其他情绪(比如开心、幸福等)的感知也会逐渐迟钝。于是,他们逐渐变成没有主张的人,比起自己独自决定,他们更愿意被别人牵着走。虽然压抑型的人具有较强的适应能力,而且友好和善、包容力强,但与此同时,他们也会从其他人那里得到"犹豫不决""不了解自己"的负面评价。而且,一味地压抑自己的情绪,也有可能导致各种身体上的疾病。

第二种是攻击型。这一类人在愤怒时,会直截了当地表现出来。他们会毫不犹豫地采取辱骂、语言暴力、肢体冲突等较为粗暴的方式发泄自己的怒火,而且他们坚信自己是对的,很少在意他人的想法和情绪。攻击型的人大多有所成就,而且勇敢果决,具备出色的主导能力,但是他们也粗暴、自私,因此人际关系很是坎坷。

第三种是被动攻击型。这一类人会委婉而低调地表达自己的愤怒,他们会小心维护自己与他人的关系,把生气对人际关系的伤害尽可能降到最低。他们有些固执,对于他人的指示或命令不会直接说"不",而是会以委婉的方式表达自己很生气。我们常说的"不动声色"就是他们最典型的特征。被动攻击型的人通常谨慎而体贴,

妈妈可以生气

但是他们也很敏感，容易抑郁或焦虑。

第四种是回避型。回避型的人认为生气是不好的行为，因此他们会努力回避生气的情绪。比如，他们会劝说自己"这没什么大不了的"或"别在意"，让自己消气，或者他们也会借助酒、香烟、食物、游戏等方式来逃避。然而，他们始终无法坦然面对自己生气的情绪。因此，当用尽各种方式但自己依旧十分生气时，他们就很容易抽烟喝酒成瘾，或者吃东西成瘾、打游戏成瘾。

第五种是连接型，也是我们希望达到的理想状态。连接型的人在生气时，首先会与自己对话，必要时也会与他人进行交流沟通。他们不会压抑自己的情绪，也不会刻意让自己消气，或者通过其他方式进行回避。他们会坦然地问自己为什么会生气、自己需要什么。在清楚自己的需求后，如果需要他人的协助，他们也会大方地向他人请求帮助，共同满足自己相应的需求。

生气的应对类型并不固定，会随着人际关系和实际情况的不同而变化。比如，我们在公司里是压抑型，但是回到家后就变成了攻击型；我们与朋友相处时是连接型，但是如果换成父母，我们可能就会变成被动攻击型。这就要求我们需要了解自己在什么时候、什么情况是什么类型。

不过，我们的情绪应对类型早在我们的幼年时期就已出现，并不是短时间内就能成型。在幼年时期，我们面对父母的教育方式和所处环境会形成自己的适应方式，而情绪应对类型就是以这种适应方式为基础，伴随不断积累的成长经历糅合而成。成人后，我们应对情绪已经太过熟练，所以很难察觉到自己是以何种方式应对自己的情绪，想要改变自己长期形成的固有习惯，成为"连接型"，是需要费些时间的。如果我们每天生气、日复一日，那么我们与自己内心的连接就会断裂。因此，成为"连接型"，首先就要修复我们与自己内心之间的连接。为此，你可以多多深入地询问自己以下两个问题：

"你需要什么？"

"你自己真正想要的是什么？"

妈妈可以生气

好端端地为什么突然生气?

→ 生气只是假情绪，我们需要找到背后的真相

秀珉正在酒店大堂里大发雷霆。

丈夫一直忙碌、不得空闲，三岁的孩子正是难缠的时候，好不容易迎来了一次久违的全家周末出游，她终于不必操心一日三餐，不用打扫家里的卫生。她满怀期待地期盼着自己能够度过一个愉快而放松的周末，她的脑海中尽情想象着这样的画面：丈夫和孩子享受久违的亲子时光，自己则在酒店松软的大床上舒服地打滚。

然而，丈夫在办理好入住手续后，对秀珉打了声招呼"我去游泳"，然后就干净利落地转身离开了……秀珉当时完全没法顾及别人看到会怎么想，也不管被孩子听到怎么办，对丈夫脱口而出："你脑子有毛病吗？"

在心理学中，生气被归类为"第二情绪"。也就是

第一章 你了解生气的真相吗？

说，存在着先于生气出现的"第一情绪"。比如说，妈妈看到孩子摔跤流血后向孩子跑去，呵斥孩子"刚才就应该小心点的，谁让你不听妈妈的话"时，妈妈的第一情绪其实是"惊慌""担心"。再例如，丈夫深夜还没回家，手机也打不通，直到 12 点才喝得醉醺醺地走进家门时，妻子大发雷霆："为什么不接电话！怎么又喝这么多酒！"然而实际上，直到丈夫回家之前，妻子的情绪一直是"不安"和"担心"。生气仅是表象，但在表象之下，我们真正的情绪其实并不是生气。

那么，妈妈生气的表象下，存在着哪些"第一情绪"呢？

最常见的第一情绪是"疲惫"。妈妈们经常在晚上这个时间段情绪大爆发，因为在此之前，妈妈们全天候围在孩子身边打转儿，倾听孩子的诉求，陪伴孩子玩耍……一整天下来，妈妈们已经被这些琐碎的事情拖得越来越疲惫。人在感到疲惫时，需要好好休息。因此，当孩子久哄不睡时，比起生气大吼"还不快给我睡觉！再不睡觉妖怪就来把你抓走了！"，妈妈们可以尝试坦诚地向孩子表达自己的情绪："妈妈现在很累，想把你哄睡后也早点休息。"

其次是"焦虑"。对于这种情绪，妈妈们在早晨尤其深有体会。早晨，该出门上幼儿园了，孩子却还磨磨蹭蹭想多玩一会儿。妈妈只能一边催促孩子，一边匆忙扒拉几口饭，好不容易收拾停当准备出门了，谁知在门口换鞋时，孩子却嫌弃这双鞋不好看，闹脾气不想穿。这时，妈妈的耐心耗尽，终于忍无可忍地爆发了。其实，焦虑的情绪源自我们内心的善意：我们希望遵守约定的时间、维护彼此之间的信赖关系。因此，下次再遇到这种情况时，妈妈们不需要大发脾气："如果不想上幼儿园，那你就别上了！"而是可以对孩子说："妈妈现在心里很着急，因为再这么磨蹭下去你就要迟到了。我们在 1 分钟内准备完毕，然后快点出发吧！"这样，就能让孩子理解我们的真实心情。

再次是"担心"和"不安"。当看到孩子从高处往下跳时，妈妈们会怒火中烧："喂，跟你说过多少遍了，不要做这么危险的事！你非得吃亏了才长记性吗？"然而其实，妈妈的心里又吃惊又担心。再比如说，妈妈为孩子精心烹饪了各式菜肴，孩子却不怎么爱吃。这时，妈妈对孩子高声说："算了，不爱吃就别吃！反正我也不爱做！"可是实际上，妈妈心里却陷入惊慌不安：如果孩子不爱吃饭长不高怎么办，是不是自己哪里做得不够好……面对这些情况，妈妈们可以转换一种表达方式，达到"心口一致"。看到孩子从高处往下跳，妈妈可以说："妈妈看到你做这么危险的行为吓了一跳，妈妈担心

第一章　你了解生气的真相吗？

你受伤。"看到孩子不爱吃饭,妈妈可以说:"妈妈很担心你长不高,你得多吃饭才能噌噌长个子呀。"

除此之外,"第一情绪"还有"惋惜"与"失落"。丈夫说今天会早早回家吃饭,于是你专门煮了大酱汤,做了烤鱼,花了很长时间精心准备了一桌饭菜,却突然收到丈夫打来电话说公司有聚餐,会晚点回家。你对着电话另一头的丈夫大发雷霆:"怎么现在才说!公司聚餐非得所有人都跟着去吗?"其实在内心深处,原本温馨的一顿饭化为泡影令你倍感惋惜与失落。这时,你不妨试着说:"哈,好可惜啊。我今天还特意准备了很多好吃的。"这样,你与对方才有可能从另一角度将对话继续进行下去。

疲惫、焦虑、担心、不安、惋惜、失落……我们各种各样的情绪最终都会单一地表现为生气和烦躁。著名的精神分析学家罗洛·梅(Rollo May)曾这样说过:"成熟的人十分敏锐,就像听交响乐的不同乐章,不论是热情奔放还是柔和舒缓,他都能体察到细微的起伏。"[1]

我们的情绪也是这样,它并不是单调古板的部队起床号,而是由多种乐器相互协调、共同演奏高音和低音、

[1] 此句翻译部分参考《非暴力沟通》,华夏出版社,2021年出版,刘轶译。

妈妈可以生气

轻音与重音的交响乐团。情绪是丰富多彩的。它们自然流露，缤纷绚烂，包含的色彩远胜于七彩虹桥。我们在尝试将情绪细化、具体化、语言化时，既能深入了解自己的内心世界，又能更好地博得对方的理解。当我们与对方的情绪无法交融互通，就容易"情绪化"，出现诸如我们冲对方大喊大叫"我什么时候冲你大喊大叫了！"的情况。

再回到本节开头，秀珉在酒店大堂大发雷霆，这正是此前一天天累积的失落感叠加的结果。放在以前，秀珉就算心中再失落也不想说出来，因为她怕这样显得自己小家子气，也不愿让已经十分忙碌而疲惫的丈夫再操心，于是自己的情绪就这样被翻篇揭过。之前有多少被翻篇、被压抑的情绪，她就对这次的家庭出游有多少期待；有多少期待，最后就有多少失望。

那么，为什么秀珉明明感到很失落却不说出来，反而大发雷霆呢？韩国家庭咨询权威专家、首尔大学的金永泰教授在《虚假情绪》一书中将情绪分为以下三种：表面情绪、内心情绪、深层情绪。生气就是表面情绪；潜藏在表面情绪之下的不安与恐惧就是内心情绪；而位于内心最深处的则是深层情绪，也就是羞耻感。

情绪的三个层次

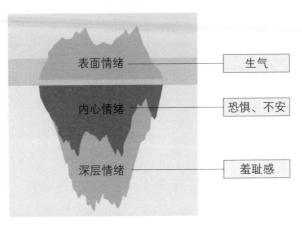

表面情绪 —— 生气

内心情绪 —— 恐惧、不安

深层情绪 —— 羞耻感

在他看来，人类最初体验到的情绪就是在婴儿时期意识到自己与母亲并不相同，而是彼此"分离的存在"时，心中感受到的"不安"。而孩童时期的"不安"情绪的产生则是由于父母不够细心，导致孩子得不到安抚，从而逐渐产生"我是某些方面有欠缺的人""我是无所事事的人""我是没用的人"这样的意识，最终导致内心深处滋生羞耻感。

一旦不安与羞耻感开始出现在我们的意识里，我们就会感到恐惧，因为我们担心当自己懦弱的一面被别人发现，就会被他人看轻、刁难。于是，我们会通过生气的方式来掩盖、抹除自己的脆弱情绪。当我们生气时，交流的焦点就会转移到对方身上，这样我们就可以不必

妈妈可以生气

直接面对自己的真实情绪；而且生气还能传递出这样一种信号："问题不在于我，而是在于你！"这就使得我们自己更占上风。金永泰教授曾说："生气具有一举两得的效果，既能让我们回避自身的问题，又能让我们在他人面前占据上风。"也就是说，我们会通过生气的方式来隐藏自己内心深处的不安与自卑感。

一旦这种方式成为习惯，我们与自己的真实情绪之间的连接就会被切断，只剩下生气这一虚假情绪。因此，我们生气时不要单纯地以为自己在生气，而是应当好好问问自己的真实情绪是什么。大多数情况下，我们生气其实是源自其他情绪，只是我们习惯性地表现为生气而已。

尽管我们一致将生气的情绪称为生气，但是根据强度不同，生气也拥有许多不同的名字。比如闹心、愤怒、微怒、苦恼、受挫、不满、焦急、焦躁、不悦、厌恶、痛恨等，同时还有"火噌噌地往上冒""暴跳如雷"等形象化的描述。

而且我们生气时，也并不是从一开始就"火力全开"到最大程度。最开始往往是"小火"，当问题未能解决、仍在持续时，我们的火气才会噌噌上涨。精神病学专家约瑟夫·施兰德（Joseph Shrand）博士将生气程度分为以下 1 ～ 10 不同等级。

生气的等级

1	轻微不满
2	轻微烦躁
3	非常烦躁
4	受挫感
5	焦躁不安
6	不高兴
7	生气
8	恼怒
9	愤怒
10	非常愤怒

我们可以写下自己生气时的情景，评估相应的等级。

例：生气状况的等级评估

·身体太疲惫以至于早晨起床十分痛苦。（4 受挫感）

·孩子上幼儿园第一周就嚷嚷着不想去幼儿园。（5 焦躁不安）

·好不容易到了周末，丈夫却突然说要出门见朋友。（2 轻微烦躁）

·停车时剐蹭到了旁边的车辆。（1 轻微不满）

- 图书馆还书时已经过了借阅期限。（1 轻微不满）
- 天气太热。（1 轻微不满）
- 手机才用了 1 周内存就满了。（3 非常烦躁）
- 房东把房租从 5000 涨到 8000 元。（8 恼怒）

当我们尝试思考使用恰当的语言描述心中出现的生气情绪并进行等级评估时，我们大脑的前额叶皮质就会变得十分活跃。前额叶皮质是负责理性思考的区域，前额叶皮质如果较为发达，也会相应地提高我们的情绪调节能力。在为情绪"取名字"的同时，我们也迈出了调节情绪的第一步。

我想起了一位妈妈的故事。这位妈妈的第二个孩子活泼好动，对什么都感到好奇，出门时常常甩开妈妈的手跑到车来车往的马路上。为了制止孩子的危险行为，这位妈妈也发了不少火。

"你有毛病吗？万一出车祸了，救护车就得把你送到医院。"

"你再敢跑到车道上试试，我就再也不带你出来了。"

说这些话时，妈妈的声音尖利、目光严厉，俨然一副说一不二的派头。可是，无论妈妈用什么方式，孩子就是不肯听话。妈妈担心极了，但是总不能真的不带孩子出门。

然后某一天，在冲孩子发火时，这位妈妈突然意识到自己的真正情绪其实是担心和不安。她并不是真的生孩子的气，只是心中的担心需要一种方式表达出来而已。想明白了这一点，妈妈对孩子说：

"旻秀，你每次跑到马路上，妈妈都担心极了，万一你受伤可怎么办。如果骨折了，妈妈真的会非常心疼。旻秀你对妈妈来说真的很重要，所以妈妈希望我们能一起健康、幸福地生活很久很久。你能答应妈妈，以后不再在车道上乱跑吗？"

说出来你或许不信，从那以后，孩子再也没有在车道上乱跑。

我们的内心世界、真实的情绪、脆弱的情绪，它们并不是我们"懦弱的一面"，而是我们"真实的一面"。妈妈向孩子袒露自己心里多么伤心、多么不安，也是给予孩子了解妈妈的真实情绪的机会。同样地，我们也不能不管三七二十一就冲老公发火，而是应该在平时就把自己感受到的真实情绪充分地表达出来，这样自己对丈夫的期待才更有可能得到满足。

因此，我们首先应当在探索、了解自己的真实情绪上多费点心思。这样，我们才能更好地向对方表达自己对什么、为什么感到戒备，为什么感到不安，为什么感到痛苦。

本来不想发火，但还是忍不住冲孩子发脾气

→ 别让他人为你的情绪负责

成熙感到非常生气。

她发现丈夫最近工作特别累，为此，成熙特意在某一天早早下班，甚至把孩子们也送到自己娘家照看，就为了能安心为丈夫准备一桌丰盛的晚饭。可是，丈夫的电话却好几个小时打不通，她焦急不安地等待着，等到按密码锁的声音响起，丈夫终于在凌晨一点跟跟跄跄走进家门，她对着丈夫爆发了。第二天早晨，她没有准备早饭，在公司上班也无心工作，只忙着在 KaKaoTalk[①]上对朋友们诉苦。

"我丈夫怎么这副德行！我真不知道还要不要继续和这种人过日子。"

---

① 韩国人常用的一款社交软件。——译者注

妈妈可以生气

成熙生气的原因是什么呢？是因为丈夫回家太晚，不接电话，还是因为在外面喝得烂醉？那么，成熙真的在生丈夫的气吗？

　　要想找出成熙生气的真正原因，我们可以假设不同的情况。丈夫凌晨一点喝得醉醺醺回家时，假设成熙因为感冒已经吃了药早早睡觉了，情况又会如何发展呢？或者，假设成熙当天晚上也在外面和朋友们一起尽情聊天、释放压力，丈夫回家时她也刚到家正准备洗漱睡觉，这种情况下她还会朝丈夫大发雷霆，一连几天都和丈夫冷战吗？

　　同样是丈夫醉酒晚归，但是不同的情况下，成熙因为丈夫产生的情绪大有不同。那么，成熙生气真的是因为丈夫吗？还是说，另有其他原因呢？

　　要想了解情绪产生的原因，我们就需要了解自己的内心世界。美国知名的家庭治疗师维琴尼亚·萨提亚（Virginia Satir）将我们的内心比喻为一座冰山，我们的表面言行只不过是巨大冰山露出水面的一角，我们内心的情绪、想法、期待、渴望、自我却无法直观地看到。我们总是怀有某种期待，但是期待可以得到满足，也可能落空。当我们的期待得到满足时，我们就会流露出积极的情绪和想法，表现出积极的言语和行动；然而当期待落空，我们就会流露出消极的情绪和想法，表现出消极的言语和行动。

萨提亚的冰山比喻

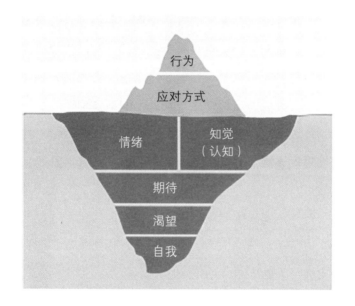

许多妈妈们反映，自己在孩子不睡午觉时很容易生气。然而，当我问她们"为什么会生气？"时，她们回答说："孩子不睡觉，当然会让人生气。"可是，妈妈们生气真的是因为孩子不睡觉吗？如果妈妈们生气的原因就是孩子不睡觉，那么孩子每次不肯睡觉时，妈妈们都应该生气才对。可是，有时候面对不愿乖乖睡觉的孩子，

妈妈可以生气

妈妈们也会好脾气地顺从孩子的意愿："哎呀，好吧，今天不睡觉了，好好玩吧。"甚至还有些时候，妈妈们看到孩子不睡午觉反而更高兴。比如妈妈正带着孩子见朋友，孩子却困得睡着了。这种场合下，妈妈一定很想把孩子叫醒吧？妈妈与朋友聊得正欢时，孩子在旁边睡觉多少有些令人扫兴。

虽然他人的某些举动有时确实会令我们生气，但这并不是我们生气的真正原因。如果就这样放任自己生气，就无从得知我们生气的真正原因。其实，生气的情绪来自位于我们"冰山"深层的"期待"与"渴望"。当他人的行动能够满足我们的期待，符合我们的预期，贴合我们的需求，契合我们认为理所应当信奉的价值准则时，我们就会感受到积极的情绪；反之，我们就会感受到消极的情绪。正所谓一个巴掌拍不响，我们生气并不是真的生某个人的气，而是因为这个人的行为不符合我们自己的"期待"与"渴望"。

成熙正是因为满怀期待与丈夫共同享用温馨的晚餐，所以才对丈夫半夜喝得醉醺醺回家的样子感到厌恶。假设丈夫按时下班回家时，成熙正打算出门和朋友见面吃个饭，这时丈夫按时回家的举动反而会让她感到不满。一般来说，妈妈自己已经十分疲惫，孩子却想要妈妈陪自己一起玩耍时，妈妈们都免不了感到烦躁。可是如果妈妈与孩子的关系不那么亲密，正想找机会与孩子一起玩耍、增进感情，那么这种情况下妈妈就会高兴地答应孩子的请求。再比如，当你希望一直在公司工作下去，公司却希望你主动辞职时，你会难过、迷茫，感觉遭到了背叛。可是如果你恰好也厌倦了打工人生活、正考虑辞职的事情，那就拿着公司发放的补偿金开心离职，何乐而不为呢？

　　有些人将自己生气的原因归结到别人身上，并为此一心想要改变对方。当对方的行为与自己的期待不符时，他们或是责怪，或是威胁，或是唠叨个不停，或是抱怨连天。当对方的行为符合自己的期待时，他们也会不吝称赞，予以认可。这类人其实是将控制自己的情绪主动权拱手送给了他人，要知道，他人的行为不可能总是符合我们的期待，因为他人也有各自的需求。哪怕他人的行为确实满足了我们的期待，但那也只不过是一时而已，不会一直持续下去。如果真的有人一直满足我们的期待，那么对于那个人来说，这并不是什么好事。因为他在不断满足我们期待的同时，也在与自己的需求渐行渐远，这样的人际关系是不可能维持长久的。

　　如果将"都是因为你让我这么生气"这句话换一种方式表述，就是"我这么生气都是你的错，你必须满足我的期待"。可是，这只是我们的一种贪念，我们不可能要求对方无条件满足自己的期待，而且这种表达方式还会让对方感到愧疚，成为侵蚀一段关系的、具有胁迫与暴力性质的行为。如果我们不及时制止这种贪念与胁迫行为，我们就会一直感到生气，而我们与他人的关系也会随之陷入泥淖。请你想一想，这么久以来，你一心希望周围的人都按照你的想法行事，却不知道这其实是你的贪念，而你的贪念让自己与对方都饱受折磨。

　　妈妈们经常抱怨孩子不听话，总是随心所欲。在这些话的背后，妈妈们希望孩子听话、希望自己讲话在孩子心中有威信。然而，如果我们仔细想一想就会明白，孩子不听父母的话实在是再正常不过，因为孩子也有孩子自己的情绪与需求。不仅是孩子，所有人都是如此。我们所有人的行为都是为了满足自己隐藏在冰山之下的期待与需求，所以孩子没有义务必须满足妈妈的需求。妈妈的情绪与需求的满足在于妈妈自身，孩子也没有理由因为自己的行为未能满足妈妈的期待而被斥责。因此，妈妈们应该做的不是斥责孩子，而是根据自己对孩子的期待，在孩子的能力范围之内提出明确的要求。比如：

　　"妈妈希望你能自己把脱下来的衣服放进洗衣机。因为妈妈把你随手扔在房间地板上的衣服一件件捡起来实在是太累了。"

"非暴力沟通"的创始人马歇尔·卢森堡（Marshall Rosenberg）认为，我们所感受到的痛苦并非来自他人的行为，而是来自"我们头脑中的印象、对于他人行为的期待，以及无法满足自身的需求"。所以，当我们感到生气时，我们应当做的不是训斥让我们生气的孩子，而是思考自己是否对孩子存有偏见（误会），自己是否在孩子身上强加自己的期待，以及自己的需求是否未得到满足。

而且，我们也要摒弃"为什么不听妈妈的话？"这种容易伤害孩子的表达方式，换成"下次过马路时一定要注意是不是绿灯，你能做到的吧？"；也不要再说"你吃饭到底要吃多久！我真是快被你逼疯了！"，而是换成"以后争取 10 分钟内把饭吃完，如果吃得太慢，饭菜凉了就不好吃了，而且妈妈也想早早收拾完碗筷休息一下"，用这种说话方式直接表达自己的诉求。

生气源自我们自身的需求，因此生气的责任不在于对方，而是在于我们自己。这一事实或许会令我们感到陌生，但是如果我们不接受这个事实，就会一直无法得知生气的原因，无法从生气的情绪中脱离出来，毕竟我们不可能按自己的意志去改变对方。所幸，生气的原因不在于对方，而是在于我们自己，因此要想更好地处理

妈妈可以生气

生气的情绪，我们就得从自身寻找方法。也就是说，妈妈们不应当指责孩子的错误，而是应当向内审视自身的需求，这样在每次生气时，妈妈们才能了解自己真正想要的是什么。

每当孩子生病时，善美和丈夫就会吵架。善美希望孩子尽量少吃药，但是丈夫却认为，既然孩子生病就应该尽快去医院。因此，每当孩子发烧时，善美和丈夫一个认为应当"先继续观察"，另一个则认为应当"马上去医院"，两个人相持不下。他们互相指责对方的观点，都坚持自己的做法才是正确的。

每当这时，善美就会感到自己不被丈夫重视。于是她冲丈夫大发雷霆："你根本不把我放在眼里！"丈夫就会反驳："我什么时候不把你放眼里了！"对话进行到这一步，二人的关注焦点已经从孩子生病转移到了"丈夫对妻子的重视"这件事上。接下来的对话中，善美一个劲儿地举例证明丈夫如何不把自己放在眼里，而丈夫则一个劲儿地否认。然而，他们就像两条平行线，再怎么争论都毫无相交的可能。善美一直坚称丈夫不把自己放在眼里，可是丈夫却完全不承认。这究竟是怎么回事呢？

人们能够从三个层次感知外界事物。第一个层次是从生理上进行感知，也就是借助眼睛、耳朵、鼻子、嘴、皮肤等身体感觉器官，形成看、听、闻、味、触这五种感觉。第二个层次是从情绪上进行感知。当我们看到某物或听到某种声音后，内心就会产生某种情绪（或情感、心情、感受等），我们就会相应地感受到伤心或高兴，生气或不安。第三种层次是精神层次的感知。也就是我们在外界事物的刺激下进行思考、分析、判断、计划或评价；抑或在外界事物的刺激下追忆往昔、想象未来。

人类的三个感知层次

生理层次：借助五感进行觉察

情绪层次：五感的觉察引起的身心反应

精神层次：对五感的觉察进行解读和判断

在这三个层次中，精神层次的感知是我们最熟悉也是最快发生的，而我们通过生理层次和情绪层次进行感知的情况则相对较少。也就是说，对于外界发生的事物，比起客观地进行观察、感受，我们更愿意按照自己的方式去解读它，对它单方面进行好与坏、对与错的价值评判。解读的结果可以取决于我们自身需求是否得到满足，也可以受到我们从生活经验中形成的观念的影响。此外，解读的结果会直接影响我们的情绪。当我们评价某种事物是"好的""正确的"，那么我们就会产生积极的情绪；当我们评价某种事物是"坏的""错误的"，消极的情绪就会随之而来。我们进行解读与评价的行为本身并没有问题，问题出在我们偏执地认为自己通过一厢情愿的解读与评价得到的结果是"客观的"，而且我们期待对方也会认同自己的解读——这就是我们与对方无法沟通的原因所在。

　　善美所说的"丈夫不把自己放在眼里"也是一种单方面的解读。也就是说，当丈夫做出某些行为后，善美就会为这些行为贴上"丈夫不把自己放在眼里"的标签。被打上标签的是丈夫的这些行为：听善美讲话时突然插话："好了，你听我说"；交谈时突然起身回到自己的房间……这些行为每每发生时，善美就会觉得丈夫不把自己放在眼里，而这种想法最终成为善美生气的根源。

　　"丈夫不把自己放在眼里"只是善美的主观解读，如

妈妈可以生气

果善美能接受这一点（尽管许多人都认同善美的这种解读），就会发现其他不同观点的解释也有可能成立，比如老公认为的"我并没有不把你放在眼里"。那么为什么丈夫还会在善美讲话时插嘴说个不停甚至中途离开呢？

让我们深入丈夫的内心世界寻找答案。在善美与丈夫发生争执时，从丈夫的视角来看，他感到很郁闷，因为自己与妻子对话并不能解决问题；而且丈夫担心孩子的病情更加严重，一时焦急，更加坚持认为自己的观点是正确的。同时，自己的主张不被承认和尊重，丈夫感觉自尊心有点受伤。抑或这些行为其实是丈夫一直以来的习惯，并没有其他含义。如果善美在形成"丈夫不把自己放在眼里"的判断前，能够站在丈夫的立场上设身处地为他考虑，说不定自己的怒气就会消去一大半。

元熙就是一个很好的例子。她的丈夫属于不爱说话、几乎不怎么吭声的类型。就算两个人相处一整天，说的话也不会超过十句。由于二人当初恋爱没多久就步入婚姻，因此元熙婚后才知道自己的丈夫原来是一个这么沉默寡言的人。刚结婚时她并不觉得这有什么问题，因为元熙的工作很忙；而有了孩子后，元熙既要忙着照顾孩子，又要出门工作，没时间考虑这么多。然而等到元熙为了专心照看孩子而彻底辞职后，问题出现了。

辞职在家后，元熙没有人可以说话，只能等待丈夫回家。她每天都会准备好一桌晚饭，然后和丈夫一起坐在餐桌前，对着丈夫叽叽喳喳地说个不停。然而，丈夫依然沉默寡言，分享欲强烈的元熙再怎么努力也无济于事。

然后有一天，元熙一个人叽叽喳喳说话时，突然感觉自己这样很可笑。对于自己说的话，丈夫一句也不回应，只在吃完饭时说一句"我吃完了"，然后自顾自地端着碗盘离开餐桌。"再怎么不把我放在眼里，这样做也太过分了。难道我是透明人吗？"元熙这样想着，内心感到一阵悲伤，泪水夺眶而出。看到伤心哭泣的妻子，元熙的丈夫一句安慰哄劝的话也没说，径直回到了自己的房间，只留下元熙一个人坐在餐桌前哭了很久。为什么元熙的丈夫在面对哭泣的妻子时，连一句"别哭了"都不会说呢？

当元熙从婆婆那里得知丈夫小时候的经历后，终于理解了丈夫为什么这么沉默。元熙的公公婆婆是双职工，平时忙于工作，所以家里的长子、当时还未满周岁的元熙丈夫就被送到了乡下奶奶家抚养，他从小就没感受过父母的疼爱。后来，等到他的两个弟弟妹妹出生，婆婆才辞掉工作把七岁左右的丈夫接回家。可是，因为孩子不愿意回家，元熙的公公婆婆在没有事先说明的情况下，

妈妈可以生气

不由分说地将他强行带回首尔。然后，他们发现，这个七岁的男孩明明有父母和弟妹在身边，却总是整天坐在家门口四处张望，吵着要找爷爷奶奶。他不吃饭也不洗澡，一睁眼就到大门口站着。可是，无论男孩如何等待，爷爷奶奶始终没有出现。到了第四天，男孩自己走进家门，他放弃了等待。也就是从那时起，元熙丈夫开始变得沉默寡言。

所以，元熙丈夫之所以如此沉默，并不是不将元熙放在眼里，而是长久以来的习惯。而且，这种习惯来自他内心的伤痛：幼时缺失父母陪伴的伤痛，以及爷爷奶奶对自己关怀备至、自己却被迫与他们分别、没能与他们好好告别的伤痛。在得知丈夫的幼年经历后，元熙哭了很久。那个站在自家门口苦苦等待着爷爷奶奶、最终心灰意冷的七岁小男孩是如此令她感到心疼。现在，元熙不再因为丈夫的沉默而生气，反而更加怜惜、体贴丈夫。

我自己也有过类似的体会。从前，丈夫每次提醒我"该休息一下了"时我总是生气不已。尽管有人劝我，这么体贴的丈夫我应该好好珍惜，可是我依然会没好气地怼回去："还有一堆事情要做，哪能休息啊！难道你能替我做吗？"或者大吼："别再让我休息了，我已经休息过了！"

有一天，我突然产生这样的疑问：为什么我会因为丈夫的这句话而生气呢？仔细一想，原来我是将丈夫说的"休息一下"理解成了"为这点事情至于这么忙活吗，与其把时间浪费在辛苦劳累上，倒不如用来放松"的意思。突然想起自己二十岁出头时，朋友对我说过的一句话："你这么努力，却没取得什么成就。这不就是白努力吗？"我还记得自己当时听到这番话时多么受伤，正是这种伤心的经历使我曲解了丈夫的语意。当我明白过来我所以为的意思只不过是单方面的解读后，自此丈夫再让我休息时，我就乖乖听话，不再冲他发火。而且，我还会对他说："好吧，我去休息一下，洗碗就交给你咯。"

古希腊斯多葛学派哲学家埃皮克提图（Epictetus）说过："让我们烦恼的不是事物本身，而是我们对于事物的解读方式。"当我们凭借自己的猜测对孩子的行为进行过度解读时，就会感到生气。解读这一动作发生在刹那之间，因此我们很难辨别自己究竟是因为对方而生气，还是因为自己的解读而生气。要想弄清这一问题，我们需要一些时间。在这里要注意，我们需要时间并不是用来无端揣测，而是用来弄清楚真相，搞明白自己的情绪到底是怎么回事。我们还需要时间理解对方的真实意图和心情，站在对方的立场上感同身受。无视对方做出某种行为时的心理背景，一味地按照自己认为理所应当的方式进行解读，这才是我们生气的根源。

第二章　正确表达生气的方法

生气得快要抓狂时，我们应该怎么办？
→ 发泄出来很痛快，但留下一堆烂摊子

当愤怒如同海啸般汹涌而来，我们应当尽情宣泄个痛快，还是应当咬紧牙根，努力压制住自己的情绪？或者，还有更好的办法吗？愤怒成为学者们的研究对象才不过三十多年，因为在以往漫长的岁月里，愤怒一直是受到制约、被人忌讳的对象。因此，人们研究如何处理愤怒情绪的历史并不长。

过去，人们相信，将负面情绪尽情发泄出来是应对愤怒的正确方式。因此，即使在心理治疗过程中，人们感到生气时，也会通过高声叫喊、辱骂、狂揍沙袋、摔打物品等方式宣泄自己的怒气。最近流行的另类约会场所，同时也是减压场所的"愤怒屋"也是基于这个理念设计而成。只要交纳一定的费用，你就可以在 10 ～ 15 分钟的时间内随心所欲地摔打碗盘、家用电器等各种物品，通过这种方式释放自己的压力。

但其实，"宣泄＝消气"这一主张早已过时。2002年，美国俄亥俄州立大学的心理学教授布拉德·布什曼（Brad Bushman）的一项试验成为推翻该理论的决定性一击。他招募了两组参与者，每组各300人，让其中一组参与者就"如何看待堕胎"这一问题各写一篇文章，然后让另一组参与者在写文章的人面前发表诸如"这是我读过的最差劲的文章"等具有侮辱性的评价。接下来，他将写文章的那组参与者继续分为三组，第一组参与者不作任何安排，只让他们安静待着；第二组参与者则每人发放一副拳击手套，他们可以尽情痛击侮辱自己的人的照片；第三组参与者每人也得到一副拳击手套，但是研究人员告诉他们可以用它击打沙袋，因为这是一项有益的运动。

这样一来，三组参与者的攻击性发生了怎样的变化呢？我们可以轻易预测到，第二组参与者的攻击性增长幅度最大。由此，布什曼教授得出这样一个结论：生气时宣泄情绪无异于火上浇油，这样做只会助长自己的怒火越烧越旺。在我们充满攻击性地宣泄怒气时，负面情绪并没有随之消散。有趣的是，把击打沙袋单纯作为一种运动的第三组参与者的攻击性也有着相似幅度的增长。

也就是说，击打沙袋这一行为本身也能提高身体的兴奋度，令本就支配着我们的愤怒情绪更加凸显，从而使人变得更加具有攻击性。

人们在生气时会产生一种错觉，误以为自己在一瞬间变得强壮有力。这一点我深有体会。几年前，我与公寓的保安大叔之间曾发生过一点争执。当时，由于家里出了点状况，我紧急下楼找保安大叔帮忙，可是保安却不见踪影。当时我很着急，保安的电话也打不通，我只好牵着孩子在小区里到处寻找，几分钟后终于看到了保安的身影。我半是高兴、半是埋怨地对保安说："您电话打不通，真让我一通好找。"保安大叔却说："我有其他的事情要忙啊，这有什么好生气的？"听到保安这么说，我再也抑制不住心中的怒火，高声说道："我什么时候生气了？明明是您不接电话，现在却反过来吼我？"说出心里话后，我莫名觉得十分痛快。我的性格属于谨慎小心的类型，几乎很少冲别人大喊大叫。难得有这么一回体验，觉得心里一下子畅快了不少。我对自己强硬的态度感到很满意，"我不是那么好欺负的人！"。

愤怒能够促进我们的肾上腺素分泌，让我们变得像超人那样强壮有力，同时也会使我们对痛觉的感知变得迟钝，让我们能够"放心地"攻击对方。人在愤怒的驱使下，会做出在情绪平和时绝对做不出的事情。此外，在宣泄愤怒的同时，我们还会产生"我的命运由我自己说了算"的愉悦感。因此，从远古时代开始，愤怒就是一种重要的生存技能。它是远古人类在应对致命攻击时，除了"逃跑""装死"之外的第三大生存策略。

然而，愤怒也有"副作用"。由于愤怒会让我们突然觉得自己无所不能，因此我们很容易对愤怒上瘾。我们会习惯于沉浸在自己的情绪中，一味地宣泄自己的怒火，根本不在意这样做是否会伤害到对方。如果我们与对方的关系一般，分开一段时间冷静一下也没什么，"眼不见为净"嘛。可是如果我们对自己亲密的人反复宣泄愤怒，就会给彼此留下伤痛。我们在对方身上留下的伤口迟早也会痛在我们自己身上。因为关系亲密使我们心心相连，对方的痛苦最终也会变成我们的痛苦。

此外，愤怒还会在我们的身体上遗留余波。尽管我们发泄愤怒只需要 10～20 分钟，可是我们的身体却需要 5 个小时才能恢复到之前的平衡状态。虽然我与保安大叔发生言辞纠纷的时间不过几分钟而已，可是我却一直没能消气，过了好半天才平复下来。宣泄愤怒就是助长愤怒，那些我们脱口而出的充满怒气的话语，又会再次进入我们的耳朵，让我们怒上加怒。因此，宣泄愤怒

妈妈可以生气

无异于火上浇油，不仅无法灭火，还会致使大火越烧越旺。

人类的大脑分为三个部分：生理脑、情绪脑和理性脑。当我们感到愤怒时，情绪脑最为活跃。当情绪脑工作时，负责思考、分析、规划、预测等高级别思维活动的理性脑就会暂停工作。也就是说，若想理性地应对某件事情，就要先等待情绪脑平静下来。

生气的情绪最先体现在我们的身体上。当我们生气时，身体会产生如下变化：

生气时我们的身体变化情况：

· 双眉向额头中间皱起，下眼睑向眼睛内部中央收缩。

· 嘴唇变红、变薄。

· （由血管膨胀导致）面部潮红。

· 心脏剧烈跳动。

· 身体肌肉绷紧。

· 双臂充力，双拳紧握。

· 非常生气时，拳头还会颤抖。

· 呼吸急促，脉搏加快，血压上升。

· 消化功能暂时减弱。

平定怒气最有效的办法就是静观身体的变化，看看自己的面部、手脚、内心、大脑都会作出什么反应。比如，我们会发现自己的额头发热，或者脖子好像被人勒住，又或者是脚趾抠地、不自觉咬唇等。我们在静观自身的同时，会中止对于外界状况进行的歪曲解读及判断，专心体会此时此刻身体的感受。比起"别生气了"这种认知上的干预，"静观其变"反而是能够使我们迅速平静下来的切实有效的办法。与之相似的方法还有深呼吸，并且在深呼吸的同时认真体会吐气纳息的变化过程。

此外，还有一种更简单的办法，那就是直接采取行动让自己冷静下来。比如离开现场与对方保持距离，打开窗户吹吹冷风，用冷水洗个脸，喝点凉开水等。一般而言，我们的愤怒只会持续 3～5 分钟，最长也只会持续 15～20 分钟，因此我们只需要顺利度过这个时间段就好。如果我们仍然感到余怒未消，还可以尝试通过其他方式转移注意力。比如与好朋友聊天，舒服地洗个澡，听音乐，冥想，散步，跑步等。或者你还想让自己更冷静一点，可以像涂鸦那样在纸上写下自己此时的心情。

以上介绍的各种方式你可以多多尝试，然后从中找到对自己最行之有效的办法。若想调节自己的情绪，仅意识到"原来我在生气啊"只是成功了一半。你如果希

妈妈可以生气

望自己养成觉察生气情绪的习惯，那么就在家里显眼的地方贴上能够让自己平息怒火的语句，比如"生气时请做 5 次深呼吸""3 分钟后马上翻篇"等。

生气情绪是我们自己的，应当由我们自己来解决。要知道，没有人喜欢成为我们的愤怒发泄对象。因此，我们需要找到适合自己的方法，能够让我们在生气时平静下来。

每次生气都会后悔自己不该那样说
→ 先复盘，再说话

在医院的电梯门口，我注意到一个生气的妈妈和她哇哇大哭的儿子。

"你哭得这么凶，医生和护士都不知道拿你怎么办才好。哎呀，真是丢人……"

"我好害怕，我不想来医院。"

那个小男孩看起来大概上小学二年级，他重重地跺着脚，向妈妈哭诉自己的害怕。

"有什么好害怕的，生病就应该来医院打针。你都这么大了，是个小男子汉了，还不敢来医院吗？"妈妈冷冰冰地说道，目光凶狠地盯着孩子。

母子俩僵持了几分钟后，小男孩突然开口问道：

"妈妈，你很讨厌我吗？你不爱我了吗？"

妈妈一直生小男孩的气，以至于小男孩开始怀疑妈

妈妈可以生气

妈是否还爱自己。

这时，妈妈如何回答就显得尤为重要。这个问题关乎亲子关系的稳定，不管妈妈多么生气，若不想因为这个问题动摇母子关系，就应当聪明地给出回答。可是，生气使妈妈连这点理智也消失得荡然无存。这个妈妈在短暂的沉默过后，依然十分强势地对着孩子大吼：

"你这么要命地缠着我，我当然不爱你！"

孩子原本热切地希望证实妈妈对自己的爱，却被妈妈的一番话浇了个透心凉。如果妈妈能够对孩子说"胡说什么呢，妈妈怎么会不爱你。妈妈只是暂时有点生气而已"，那么至少能够打消孩子心中的疑虑。然而很可惜，这个妈妈并没有这样说。这个妈妈既没能拽着孩子去打针，自己与孩子之间的关系也出现裂痕。

感到生气与表达生气是两回事。生气是一种情绪，我们对此没有选择的余地；可是表达生气却是一种行为，我们还是有得选择。一切行为的发生都伴有想要达成的目的，不存在毫无目的的行为。表达生气也是如此。

妈妈们在表达自己生气的行为背后，通常隐藏着两个积极的目的。首先，妈妈们希望能够纠正孩子的问题举动，正确引导孩子成长。孩子的问题越严重，就越亟待纠正；相应地，妈妈就会越生气，生气时的表现就会更加粗暴。为了尽快纠正孩子的问题举动，情急之下，妈妈们表达生气的方式就会更加强势。妈妈们生气的第二个目的是保护自己。如果我们的领地被其他人随意侵入，导致我们无法拥有充足的私人时间和空间，换成任何人都必定会感到生气。就算这个"其他人"是我们的孩子，也是如此。妈妈也是人，无论她们多么爱自己的孩子，但只要自己的私人时间和空间被侵占，妈妈们都会感到愤怒。尤其在妈妈们感到疲倦时，就连孩子们平时"平安无事"的行为也会触到她们的逆鳞。这时，妈妈们为了能够安稳地休息、不被打扰，就会发火。

不过我们需要注意，通过生气这一行为，妈妈们真的达到了原先设想的积极目的吗？请你暂时闭上眼睛，回忆最近这段时间自己冲孩子生气的场景。

你为什么冲孩子生气？

你想通过生气来传达什么信号？

你与孩子的对话让孩子接收到了怎样的信号？

你想传达的信号与孩子接收到的信号是否一致？

如果二者并不一致，那么问题出在哪里？

或许，能够认真回答完这些问题的人并不多。因为

妈妈可以生气

我们有气就生、有火就发，很少仔细反省自己。我们不对自己生气的行为进行反省，生气的行为就会反复发生。哪怕妈妈们坐在熟睡的孩子床边，对自己白天对孩子大发雷霆的举动后悔不已，并且痛下决心绝不再犯，可是到了第二天，火气依然"照发不误"。因为她们只是自责，并没有好好地反省自己。妈妈们是时候做出改变了，停止折磨孩子，也停止折磨自己。

如上图所示，如果生气的情绪与生气的行为之间"无缝衔接"，那么事后后悔这种事就难免经常发生。要想表达生气而且事后不感到后悔，我们在表达自己生气前就得先弄明白，自己为什么会生气。我把它称为"复盘"。复盘是指在围棋对弈过后，为了检查对局中招数的优劣得失，将走棋的过程从头到尾重复一遍的行为。也就是说，我们对自己的生气进行复盘，就是将我们当时生气的情景重新再现一遍。通过复盘，我们能够详细了解是什么让自己生气，当时自己的心理活动变化等，这是一个自我检视、自我共鸣的过程。

第二章 正确表达生气的方法

生气的情绪 → 复盘 → 生气的行为

　　复盘过程需要我们独自完成。这是因为，我们对外界刺激作出的反应是极度个性化的。面对同样的刺激，每个人会产生不同的情感，表现出不同的反应。就算是同一个人面对同样的刺激，也会出现不同的情绪反应。因此，对于"当时的情况下我为什么会生气呢？"这个问题，只有我们自己才能给出答案。

　　我们需要找到自己生气的"真正原因"。抛开孩子的问题行为不谈，我们期待孩子做出怎样的表现？我们生气是不是因为身体感到疲倦或是其他方面的压力（丈夫、经济情况、家庭情况、职场情况等），才对孩子再正常不过的行为也大发雷霆？通过复盘，我们能够了解自己的真实情绪，弄清楚自己的真实需求。在这个过程中，我们的怒气也会随之缓和一半。哪怕问题还未得到解决，但是通过负面情绪的自我共鸣，我们的心情也会轻松不少。这样一来，在自我整理的基础上，我们再向对方表达自己的生气时，就不会将对方一味地当成我们的情绪发泄对象。

　　如果我们对那名在医院门口冲孩子发火的妈妈内心进行复盘，就会发现她之所以生气，其实是因为对不愿

妈妈可以生气

乖乖打针的儿子感到失望。但是，她又对自己在大庭广众之下大吵大嚷的行为感到抱歉和内疚。这个妈妈并不希望自己妨碍别人，她只是想快点带孩子安静地看完医生，然后高高兴兴地回家。我们可以发现，"即使身体不舒服也要忍耐""男子汉就应该坚强"的传统观念在她的心中已经根深蒂固。可是如果换一种方式，这样对孩子说：

"妈妈知道你有点害怕，打针的确是有一点点疼的，但就是一下下，可如果不打针的话，你的身体就不会好，妈妈会非常担心。而且这里是公共场所，你这样大哭会妨碍到别人，妈妈也会紧张。我们要不先去那边坐一会儿，等你准备好了，我们再过来打针怎么样？"

一般来说，妈妈们在对孩子失望又生气时，哪怕稍稍诉说自己真实的心情，就不至于会说出辱骂、指责、讥讽的话了。

我们在进行复盘时，有一点需要注意。那就是不要过分地陷入自责。如果你产生"我竟然对孩子说了那么重的话，我根本没资格做孩子的妈妈"这种想法，那就说明你并不是在自我复盘，而是在自我折磨。复盘的核心内容是针对"我当时真正需要的是什么"这个问题寻找答案。我们可以问自己，"自己当时那么生气，是因为哪方面的需求亟待得到满足呢？"这时候，你需要把自己当作自己的辩护律师，来尝试回答这个问题。

在进行自我复盘后，如果你愿意，也可以尝试复盘对方的心理活动，也就是从对方所做的、令我们生气的举动背后，找出其中隐含着怎样的积极意图。孩子也好，丈夫也好，他们并不是故意想让我们生气，而是在各自需求的驱使下做出相应的举动，而且他们的需求与我们的需求并不相一致。

我想起了曾参加过生气训练营的一位妈妈。这位妈妈的职业是幼儿园老师，有一个读小学三年级的女儿。她诉苦说，女儿每天下午三四点都会给自己打电话，为此她生气不已。因为这个时间段恰好是她工作最忙碌的时候，可是女儿又紧抓着电话不放，最开始她还能好好地和女儿讲道理："妈妈现在得去工作了，晚上吃饭时再聊吧。"可是不奏效，女儿还是照打不误。现在，只要手机铃声一响起，她的怒火就会噌噌地往上窜。自己忙得团团转，还要听孩子唠叨这些鸡毛蒜皮的小事，她怎么可能不生气呢？

听完这位妈妈的倾诉后，我看到了她的真实情绪，摸清了她的真实需求。这位妈妈并不是生气，而是感到十分焦虑：因为她心里惦记着"我得赶紧去工作了""总打电话会被其他老师讨厌""小朋友们还在等着我呢"等想法，归根结底是因为她对待工作非常有责任心。

复盘了妈妈的情绪与需求后，接下来让我们换个视角，深入女儿的情绪"冰山"之中。女儿为什么总是给妈妈打电话呢？因为无聊？因为想故意惹妈妈生气？这位妈妈把罗列在桌子上的情绪卡片逐一看过一遍后，最终拿起了"爱·关心"这张卡片。她向我展示这张卡片时，眼里已经泪光闪闪。

"我只顾着自己烦躁，仔细一想才意识到，我女儿这么做是想得到妈妈的关心啊。"

在深陷内心泥潭的状态下，如果我们能够对自己与对方进行复盘，就可以得知彼此真正想要的是什么。清晰明了的状态与混混沌沌的状态下产生的对话，二者的层次是不一样的。当然，这并不意味着我们只要复盘，就能马上了解自己的真实情绪。复盘需要时间，也需要我们用心。下次生气时，先别忙着将心中的怒火一泄为快，暂时"留白"才是维护珍贵情谊的第一步。

好像总是在威胁、强迫孩子
→ 孩子的需求与我们的需求同样重要

妈妈：我们现在该回去了，你看，其他小朋友是不是都走了？

俊英：我不走！我还没玩够。

妈妈：（片刻后）我们真的该回去了，得回家吃饭呀。

俊英：能不能再玩5分钟？就5分钟。

妈妈：（片刻后）5分钟已经到了，走吧。就剩我们在这里了，快走吧。

俊英：……

妈妈：怎么还不走？快过来！不然妈妈就先走了。

俊英：（发脾气）再玩一小会儿嘛。好不好嘛，我还没怎么玩呢！

妈妈：你这是第几次说就玩一小会儿了！我不管，

妈妈可以生气

我要先回去了，你一个人在这里玩吧！

　　俊英：凭什么我每天必须听妈妈的话，妈妈真讨厌！

　　妈妈：你什么时候听过我的话！你玩到现在，一直是我在听你的话！！你怎么说话不算数呢！你再不跟我走，今天就不准吃巧克力！

　　俊英：啊，真是的！知道了，这就走！

　　类似的情景在游乐场中每天都会出现，有时发生在我们自己的孩子身上，有时是其他孩子。最终都会以孩子大吼"妈妈你真坏"，然后噘着嘴被妈妈强拉着手拽走而告终；或是屈服于不准吃巧克力的威胁，乖乖跟着妈妈回家。折腾了几十分钟，妈妈也筋疲力尽。先是催促，然后用奖励引诱或是用惩罚威胁，如果这两种方法都不起作用，妈妈就会冲孩子大发脾气——这是每个有娃家庭的常态。有没有什么方法，可以让我们在孩子撒泼耍赖时不被怒火冲昏头脑，而是通过"沟通"解决问题呢？

　　我们每个人都是拥有各自情绪与需求以及独立人格的个体。一旦我们接受这一事实，那么接下来，如何平衡彼此不同的需求就成了关键。寻求令彼此都满意的方式，是筑牢一段关系的基础。然而，大多数情况下，妈妈们只想着"小孩子懂什么""我是成年人，教育孩子是天经地义的""不可能想要什么就有什么""孩子的坏习惯得早早改正"……将孩子朝着自己指定的方向"生拉"。如果孩子不听，妈妈们就会给孩子打上"倔脾气""贪心鬼"的标签，然后更加粗暴地"硬拽"。久而久之，自己也会筋疲力尽，最终，要么反向被孩子带跑，要么就与孩子妥协。

在这场妈妈与孩子的"拔河"较量中，如果妈妈被拽向孩子这边，那么妈妈自身的需求就无法得到满足；反之，如果孩子被妈妈强行拽走，孩子也会很受伤。两人之中一人胜出并不是最优解，这场角逐的最终目标应当是"共赢"。

当妈妈想带孩子回家，而孩子却不愿意回家时，二人的对话就像不相交的平行线。如何在两条平行线之间寻求折中方案呢？我指的是不用巧克力诱惑，也不威胁孩子不准再来游乐园玩耍。虽然我们经常遇到这种情况，可是单从表面的对话来看，似乎并没有解决办法。其实，解决问题的关键在于寻找妈妈与孩子未能诉诸于口的核心需求。所谓的核心需求，就是"不可能为此让步或妥协，必须得到满足的个人需求"。如果这个需求得不到满足，人们就会感到失落、绝望，互相埋怨对方。

妈妈可以生气

在上述情景中，妈妈想要的是"在天黑前回家做晚饭，让自己和孩子按时吃上饭，这样就不会耽误睡觉的时间"。短短的一句话，可以窥见其中暗含的好几处需求，"及早做饭""按时吃饭""不耽误睡觉"等。那么，哪一个才是妈妈的核心需求呢？我们或许需要更进一步地提问：

"为什么一定要这么做呢？"

对于这个问题，妈妈回答说：

"因为我早晨最晚8点必须起床。孩子一直迷迷糊糊睡不醒，为孩子把一切都准备妥当是件很费时间的事，所以我晚上必须按时睡觉。"

从妈妈的回答中我们可以得知，对于妈妈来说，最重要的一点就是"按时睡觉"。搞明白这一点，其他问题就迎刃而解了：妈妈可以与孩子多玩一会儿，然后去游乐场附近的餐馆吃晚饭；也可以直接带上和孩子一起玩耍的小伙伴去吃饭；也可以在孩子保证自己会按时睡觉后，允许孩子多玩一会儿。

那么，孩子的需求又是什么呢？孩子们的需求往往比大人更简单，而且大部分需求都会直接讲出来。我们重新回顾一下俊英讲过的话，发现他总是在重复"我想再玩一会儿"这句话。无论是一边回家一边玩耍也好，与小伙伴一起回家或去餐馆边吃饭边玩耍也好，与妈妈一起边准备晚饭边玩耍也好……总之，孩子想要的就是玩耍。如果孩子的"玩耍"需求得到妈妈的尊重，那么问题就好办多了。妈妈可以这样对孩子说：

你是不是很想玩？

玩的时候是不是感觉很开心？

玩耍是不是很有意思？

无论你多么想玩，妈妈都理解你。

然而，如果妈妈换一种方式对孩子说：

玩到这里就行了，别再玩了。

你这孩子怎么回事，怎么一天到晚只想着玩？

其他小朋友都回家了，怎么只有你还在这玩？

妈妈的这种说话方式否定了孩子的需求，孩子就会更加"无理取闹"，希望自己的需求能够得到妈妈真正的理解。自己的需求越是迫切，越是得不到父母的尊重，孩子就越会无理取闹。反之，如果自己的需求被理解，那么孩子们就会感到安心，产生信赖感："妈妈理解我的心情，所以这个问题迟早会得到解决。"在这个基础上，我们向孩子提出折中方案时，孩子们也更愿意敞开心扉。然而，这并不意味着我们必须要满足孩子所有的需求——我们也满足不了。我们需要的是精确地把握孩子的需求。

需求（渴望、希望、需要、价值等）是无论何时何地，无论男女老少，人人重要、人人需要的存在（参考附录"需求表格"）。需求本身没有错，需求是美好的，人们想要满足自己的需求是再正常不过的事情。满足自己的需求没有问题，问题在于人们彼此并不了解对方的核心需求；或是强迫对方满足自己的需求；或是固执己见，坚持自己认为便利的方式。

举个例子，假设有一对夫妻，妻子想去电影院看电影，可是丈夫却想留在家里看电视，二人为此发生争执。这里的"电影"与"电视"只是手段（方式），如果去探寻二人的核心需求，就会发现妻子想要看电影的背后，其实隐藏着对于"趣味"和"玩耍"的需求；而丈夫想要在家里看电视，则是出于"休息"的需求。追寻趣味没有错，想要休息也没有错。既然如此，只要找到恰当的方式，能够同时满足两个人的需求就好。比如，在家里看电影怎么样？或者先休息 1～2 小时再出门看电影？除了这两种方式外，还有其他能够同时满足"趣味"与"休息"的办法。只要两个人的核心需求都得到尊重，一定还会想出更多具有创意的第三种办法。

第二章　正确表达生气的方法

整理如下：

核心需求：无条件尊重
手段：通过沟通的方式进行折中

让我们再回到本文最开始的情景。如果那位妈妈这样告诉孩子：

"原来你这么想玩呀。妈妈也知道玩的感觉有多么开心，可是怎么办呢，现在已经到了该吃晚饭的时间了。只有现在回家吃饭，晚上才能按时睡觉呀。所以，你再玩5分钟我们真的就该回家了。"

在这段话中，妈妈首先对孩子的心情表示了理解，与孩子产生共鸣。这样一来，自己的心情也比刚才更加平和，因为自己发自内心地理解了孩子的需求。此外，妈妈还具体而清晰地说出了自己的需求。

我想起了自己小时候发生过的一件事。当时我还没上小学，有生以来第一次跟随全家人来到百货商店，一下子就被芭比娃娃吸引住了。那时候，只能玩纸娃娃的我，看到小伙伴有自己的芭比娃娃很是羡慕。于是，我在百货商店里对着妈妈撒泼耍赖，也想要一个芭比娃娃。

妈妈当然没有答应，于是我抓着妈妈的手哇哇大哭并恳求她。可是直到最后，妈妈也没有给我买芭比娃娃，而且呵斥我："我没钱，买不了。你看看哥哥姐姐多听话，怎么只有你这么不乖？"

比起得不到芭比娃娃，更让我伤心的事情是，我当时怎么就没有说出来我如此想要拥有芭比娃娃的原因呢？我又哭又闹的举动之下暗含的心情并没有得到关注。如果当时，妈妈哪怕只对我说一句"原来你这么想要啊"，我就会止住汹涌的眼泪。如果妈妈当时能够对我说："我知道你有多想要芭比娃娃，但是妈妈没法给你买，抱歉了。"那么就算我当时年幼，也会理解妈妈的心情，心中的遗憾也能得到安抚。如果妈妈当时能问问我："虽然现在没钱买，但是看你这么想要，我们来想想办法吧。你觉得有什么办法呢？"那么我心中对于妈妈的信赖感就会油然而生，也愿意为了得到想要的芭比娃娃而努力。

我们需要时常记住，孩子的需求和我们的需求一样重要。我们不能因为孩子还小、什么都不懂而优先考虑满足自己的需求。我们越是明白这一点，与孩子沟通时就越能做到平等、民主。"平等的亲子关系""朋友一样的妈妈"并不是说说而已，这需要我们用行动来诠释。

　　每次幼儿园打来电话，美希都会头痛不已。四岁的女儿小恩每天都会惹出麻烦，今天推了谁，明天咬了谁，后天又抢了谁的玩具。渐渐地，美希也跟着像犯了错误似的，接孩子放学时含糊地跟老师打完招呼就逃也似的赶紧离开。然后，有一天，美希接到了园长打来的电话。

　　"小恩妈妈，我开了20年幼儿园，还是第一次见到小恩这样的孩子。我各种办法都试过了，但对小恩都不起作用。看来您该为小恩打听一下其他幼儿园了。"

　　挂断电话后，美希呆呆地想，自己明明下定决心好好抚养孩子，也一直为之努力着，可孩子还是要被幼儿园劝退。想到这里，泪水汹涌而出，美希呜呜咽咽地哭了很久。

　　美希振作精神，给园长打电话求情。她说孩子就要接受游戏治疗①，能不能再多宽容一点时间。所幸，在游戏治疗的帮助下，小恩的一些过分举动已经有所改善。但是美希仍觉得不够，于是自己也开始接受育儿的个人训练。在进行个人训练时，美希重新审视自己的育儿方式，发现孩子之所以这么难管，是因为自己没能给孩子设立界线。因为怕伤害孩子，所以从不对孩子说"不"；对于孩子的不当行为，美希也只觉得"孩子现在还小"，并不放在心上。

美希如此精心"呵护"自己的孩子，源自她的母亲。只要美希与母亲一对视，母亲就会喋喋不休地责骂她。出于对母亲的厌恶，美希从有了孩子开始便下定决心，自己"将来一定要做一个温柔的妈妈"。即使孩子做出危险的举动，或是伤害他人，美希也不愿干涉孩子的行为，经常被孩子牵着鼻子走。她在孩子面前逐渐失去威信，孩子也开始变得随心所欲，自己怎么高兴怎么来。

那么，有没有什么方法，能够在教育孩子的同时却不会对孩子造成伤害？

在正式介绍教育方式之前，我们最好先了解一下什么是教育孩子。教育孩子不是责罚孩子，也不是把孩子

---

① 一种心理治疗，主要适用于 4 ~ 13 岁的儿童。——译者注

第二章　正确表达生气的方法

放在"思考的椅子"①上，更不是用体罚的方式让孩子听话。教育的出发点是对孩子的爱，教育的最终目标是帮助孩子成长。孩子之所以会受伤，不是因为教育本身，而是因为带有强迫性质、暴力性质的教育方式。换句话说，用打孩子的方式来教育孩子"不许打人"，是会出问题的。

不过，要想培养孩子的自尊心，还真离不开教育。因为只有知道哪些能做、哪些不能做，孩子才能适应不同的情况，融入社会、在社会上立足。尽管每个家庭教给孩子的社会规则并不一样，但是每个家庭一定都会告诉孩子：不许做出危险的行为，不许伤害他人。

如果孩子推了其他小朋友，我们该如何教育孩子呢？面对这种情况，父母们一般会有如下反应：

我都跟你讲过多少遍了！不许推其他小朋友！

你再这样，警察叔叔就要来抓你了。

你怎么这么不听话，真没见过像你这么执拗的孩子。

你觉得自己推其他小朋友很光荣吗？其他小朋友都不愿意再和你一起玩了。

如果你总是这样，以后没有朋友愿意和你玩。

---

① 一种替代责罚的教育方式。孩子犯错后，父母让孩子坐到"思考的椅子"上面壁思过。——译者注

妈妈可以生气

这些话只会加重孩子内心的愧疚感，令孩子感到害怕，而且丝毫起不到教育的作用。我们希望的是，孩子能够在不受伤害的情况下意识到自己的错误，有所成长。若想做到这一点，请谨记以下三点：

1. 有一说一：基于事实表述问题行为（"欺负其他小朋友" vs. "推了其他小朋友"）

野营时，一位妈妈发现自己的儿子总是盯着别人背包看，她对儿子说道：

"不许随便翻别人的背包！"

短短的一句话，就让孩子旺盛的好奇心瞬间变成"翻找背包的行为"。

想必我们自己在小时候都有过这样的经历——妈妈突然推开房门走进来劈头盖脸地训斥："房间搞得跟猪圈一样，你没长手吗？怎么从来不打扫房间？"有多少人会乖乖地说"知道了，妈妈，我错了"？"我前几天才打扫过好吧！"想必这样顶嘴的人更多，或是嘟囔着"又开始唠叨了"，然后背过身躺下。妈妈的话对子女不起作用的最主要原因就是，这句话充斥着太多的主观评价，比如"猪圈""从来不"等。妈妈想要以这些孩子并不认同的主观评价与孩子沟通，孩子当然不会听——至少该说一些孩子认可的客观事实。

如果孩子年纪较小，对事实缺乏判断力，那么说话时更应该小心。因为父母的评价很容易烙刻在孩子的心里。

"哎呀，你这个倔脾气。你怎么每天想做什么就做什么，不想做什么死活不愿做呢？"

这种话听多了，久而久之孩子就会产生"我脾气很倔"的自我印象。人们都会按照这种自我印象做出相应的举动。因此，一旦孩子为自己贴上"倔强"的标签，行为上就会变得更加倔强。

如果父母把"推其他小朋友"这件事描述为"欺负其他小朋友"，孩子就会感到十分委屈。而且，如果当时的情况是其他小朋友抢了自己的玩具，自己一生气才推了对方，那么孩子心中的委屈感就会更加强烈。孩子推了其他小朋友，就客观地表述"推"就好；当孩子说的话与自己亲眼所见的不一致时，也不要劈头盖脸斥责孩子"不许说谎"，而是应该说："我看到你从妈妈钱包里拿了10元钱，你却说没拿。"像这样，基于事实进行沟通，孩子就会竖起耳朵认真听，这也有利于父母与孩子客观地继续进行交谈。

2. 告知孩子行为的后果（"不准推其他小朋友"vs."推其他小朋友可能会让小朋友伤心"）

孩子们的行为举止并不是提前计划好的，而是出于

妈妈可以生气

一时冲动。他们事先并不知道自己的行为会招致怎样的后果，只是出于某一瞬间出现的情绪或需求而做出相应的举动。因此父母需要将孩子无法预见的、无法预知的后果告诉孩子。也就是说，父母应该告诉孩子，他们做出的某种举动会带来怎样的影响。

必须去幼儿园。→如果不去幼儿园就没法和其他小朋友一起玩耍。

天气凉了，怎么还穿夏天的短裤出门！→如果穿短裤出门就可能会感冒，感冒了就没法在周末出去玩啦。

现在不准吃零食。→如果吃了零食，就没胃口好好吃饭了。

吃饭怎么吃得这么少！→如果只吃这点饭，就不能长高高。

不准抢其他小朋友的玩具。→如果抢其他小朋友的玩具，小朋友会伤心的。

赶紧睡觉。→如果现在不睡觉，明天早晨就起不来床了。

要好好刷牙。→不刷牙容易长蛀牙，到时候就得去看牙医了。

不过，需要注意的是，不需要将后果过分夸大，按照事实去说就好。毕竟，不是每个不刷牙的人都要去口腔科接受可怕的治疗，也不是永远不能吃巧克力。夸大的陈述确实会吓唬住孩子，但是等到孩子再长大一点，这种方式就不再起作用。面对想在游乐园里多玩一会儿的孩子，妈妈们经常会说："那你自己玩吧，妈妈先走了！"这句话确实会吓唬住孩子，但是几次过后，孩子就会发现"妈妈不会丢下自己一个人走掉"，这句话就会失效。我们要清楚地知道自己说话的意图。我们的意图并不是为了吓唬孩子，而是为了培养孩子自觉养成良好的行为习惯。

3. 提出具体的解决方案（"以后要乖一点" vs. "伤心的时候就说伤心"）

有一次，我去一所小学开讲座，看到校门口竖着一块写有校规的告示牌。"不许乱跑乱跳""不许大声喧哗""不许打架""不许上课迟到"……从头到尾都在说不许这个、不许那个。既然如此，校规想让孩子们怎么做呢？

向孩子指出什么行为不许做并不是什么难事，但是如果只局限于此，那么孩子们就不知道应该怎么做。既然不允许大声喧哗，难道就允许睡觉吗？既然不允许打架，那么用嘴咬可以吗？孩子们需要的是对积极行为的具体引导，比如不许乱跑乱跳，应该正常走路；不许大声喧哗，应该认真听老师讲话；不许打架，应该用沟通解决矛盾等。

当孩子因为生气而乱扔玩具时，我们应该这样告诉孩子："再怎么生气也不能乱扔超市里的玩具。你可以对我说'妈妈，我好想要这个玩具'。"面对哼哼唧唧或大吵大闹的孩子，许多父母都会对孩子说："你就不能好好说话？"然而，这种表述方式仍不够具体。最好的方式是直接演示给孩子看，用什么语调讲什么话才是合适的。如果能让孩子一起跟着练习就更好了："你可以对妈妈说'妈妈，我很生气'，现在你要不要试着说一下？"

如果我们走进一家餐厅，说"上点好吃的菜"，那么端上桌的食物真正符合我们口味的概率能有多大？抽象的描述践行起来十分困难，我们只能直接看菜单点，或者把食物的照片展示给服务员看，至少详细描述一下。

我家的孩子如果被其他小朋友推了一把，别说反击，就连一句"讨厌"都不会说，只是呆呆地坐着。和攻击性行为一样，这种行为也是个问题。孩子被其他小朋友欺负后没有任何反应，这是自我防御上有障碍。这种时候我又不好冲孩子发火："为什么待着不动，你傻了吗？"可是也不好撺掇孩子用武力反击："别人推你，你也推回去。"我采取的办法是，从大约三四岁开始，就对孩子进行"自我表达"的训练。

"如果其他小朋友推了你，你要大喊'不许推我'。

来，跟着妈妈练习一遍吧。"

最初，孩子感到有些难为情，回答我时畏畏缩缩。但经过反复练习，孩子现在已经能够噪音洪亮地说出这句话，而且能够轻松应付一般的攻击行为，我已经不需要太担心了。

以上内容总结一下就是：

问题行为	影响	解决方案
不掺杂主观评价，根据所听到、所看到的如实进行陈述	对其他人及孩子自身的影响	给出具体的可操作的行为指引

情景案例1：推了抢自己玩具的其他小朋友

问题行为：因为一时伤心所以推了其他小朋友。

影响：那么小朋友可能会受伤。

解决方案：再遇到这种情况，可以告诉对方"不要抢我的玩具"。

情景案例2：已经过了睡觉时间，却吵嚷着还想再玩一会儿

问题行为：距离该睡觉的时间已经过去一小时了，还想继续再玩一会儿。

影响：可是这样的话，妈妈早晨就得强行喊你起床，这样我们两个人都会不愉快。

解决方案：明天出门去幼儿园前，妈妈再找时间让你好好玩，怎么样？

那么，本文提到的美希后来怎么样了呢？通过训练，美希能够及时、积极地对女儿小恩的问题行为进行干预。同时，美希还暂时减少了小恩与其他人的接触，避免发生冲突。此外，为了给小恩打造一个不需要看别人脸色、能够放心接受训练的环境，美希尽量不与朋友来往，必要时也只与能够给人安全感的朋友见面。美希也会将需要遵守的规则清楚地告诉小恩，如果小恩违反规则，美希就会按照事先告知的那样马上转身离开。

小恩也充分体会到，被自己推的小朋友不愿意再与自己玩耍，因此小恩也开始努力改正自己的行为。现在，小恩在幼儿园里再也没有惹是生非。如果妈妈们为了培养孩子的自尊心而无节制地任凭孩子胡闹，又会怎么样呢？那会像被打上"没教养"烙印的小恩一样，在幼儿园生活与交朋友上备受挫折，这样的孩子比任何人都需要接受训练。只有厘清边界，孩子才能更好地保护自己、融入他人。

令人高兴的是，美希现在已经能够分清什么时候应该包容孩子，什么时候应该制止孩子，父母效能①也从中得到了提升。如今，美希面对孩子的问题行为时，能够在向孩子充分表达爱意的同时也大喊一声："停下！"

① 英文是 Parent Effectiveness，指父母对孩子的教育效果。——译者注

我又发飙了，真担心孩子因此受伤害
→ 真诚的道歉能够治愈孩子心中的创伤

几年前，我进行过一场关于父母教育的讲座。讲座结束后，我在收拾东西，一位妈妈扭扭捏捏地走上前，问出了这个问题：

"我经常冲孩子发脾气，孩子好像因此很受伤，自尊心也下降了不少。我该怎么办才好呢？"

我的回答很简单：

"您应该向孩子道歉。"

那位妈妈的神情黯淡了几分：

"那我就该每天都向孩子道歉。可是这样不别扭吗？"

"做也比不做好。每天道歉，直到孩子解开心结为止。"

当时，我只是给出了教科书式的回答，并不理解那位养育孩子的妈妈当时流露的复杂神情。我现在才明白，她当时的心情该是多么沉重。因此，我想在这里对那位妈妈的问题重新进行认真的回答。

要想维系一段良好的关系，需要我们为之努力。不做有损这段关系的行为，和做增进这段关系的行为一样重要。这就像如果我们一直注意多吃健康的食物，可是同时也不断摄入像比萨、薯条这种高热量、高碳水食物，那么减肥自然也不会成功。哪怕我们与对方已经积累了良好的感情基础，但是当我们的行为让对方的感情受到伤害，却没有好好处理时，这段关系也会产生裂痕，最终导致彼此的决裂。而且，越是亲密的关系越容易如此。如果不道歉，像什么都没发生过似的与对方继续相处，那么之前积累的信任基础也会产生动摇。

做错事就应该道歉，这个道理我们都懂，但是为什么不去执行呢？是因为我们觉得，自己就算不说对方也能明白我们的歉意吗？还是因为从没尝试过，不太习惯道歉这种方式？知名科学家郑宰胜曾在《如何道歉》这本书中写道，因为"我们在道歉的同时会丧失威信，心理负担会更加沉重。基于这种习得的经验，从进化心理学的角度来说，我们的防御机制和说谎、辩解机制就会变得更加发达"，所以我们觉得道歉很难。其实，不管是什么理由，我们都吝啬于向他人道歉。而且，年纪越小，越是如此。

可是，如果一直不道歉，会有什么后果呢？人活一世，不可能不生气，也不可能没有出错的时候。如果这时，我们不向他人道歉，只是含含糊糊地蒙混过去，那么谁还会信任我们？当我们生气过了头，或者发生失误或犯下可耻的错误时，不道歉比这些行为更加可耻。道歉就像一道魔法，能够修补一段关系中产生的嫌隙，增进彼此的信任，是只有领导者才掌握的一种技能。

我从一次经历中真正体会到道歉的价值所在。那时我还不到三十岁，在一家青少年国际交流团体工作，赴比利时参加了一次为期一周的合宿制研修班。研修第二天，我去找来自丹麦的负责人询问日程安排方面的问题，而他当时正在与别人交谈，只是瞥了我一眼，随后又继续投入他与别人正在进行的交谈中。我感到自己受到了怠慢，怒气冲冲地回到了自己的座位。我是班上唯一的东亚人，由于语言和文化的不同本来就十分紧张，现在又遭遇了这种冷眼，因此我根本无心听讲，等待下课的时间感觉就像一个月那样漫长。可令我没想到的是，几个小时过后，那位负责人向我走来，他说：

"很抱歉刚才没有回答你的问题，这一举动很没有礼貌，我真诚地向你道歉。"

这一句平淡而真诚的道歉让我心中感到释然。多亏了这句话，让我觉得周围的一切重新变得明亮起来，而我和他也成了交心的朋友。

然而，并不是每次生气朝孩子发脾气后都必须向孩子道歉，因为"生气"本身并没有错。不过，如果生气是出于以下两种情况，那么你就必须向孩子道歉。

1. 将孩子作为生气的宣泄对象

生丈夫的气，却拿孩子当出气筒；故意冲孩子发脾气，其实是生气给公公婆婆或邻居家小朋友的妈妈看；工作不顺利，工作压力很大，所以冲孩子发脾气……如果生气的原因不在孩子，而是源自其他事情，那么你就需要为自己冲孩子发脾气向孩子道歉：

"妈妈其实是因为其他事情生气呢，结果把你当出气筒了，真是对不起。"

2. 过度发脾气

当父母反复纠正，可孩子就是不改时，父母就会感到心累，感觉自己的话被当成耳旁风。所以，父母一发现孩子出现问题行为时，就会像按下"打开"键一样，自动进入怒火爆发模式。

另外，当我们感到身心疲惫时会变得过分敏感，很容易因为一点小事而大发雷霆。如果这时我们不小心说出了戳痛孩子的话，做出了让孩子伤心的行为，等理智归位后就应该向孩子道歉：

"妈妈刚才话说得太重了，对不起，你是不是很难过？"

在养育孩子的过程中，向孩子道歉的经历在事后回想起来反而会令我们感到安慰。我家孩子四岁左右时，有一次我与丈夫发生矛盾，孩子就在旁边，被迫听了几个小时的夫妻吵架。过后我才意识到这对孩子会不会有什么影响。孩子会感到不安吗？会感到害怕吗？于是，我问孩子：

"诗元，今天害不害怕？妈妈当时没顾得上你的感受，对不起。"

结果孩子摸了摸我的头，对我说：

"我没事的，我知道妈妈你也很辛苦。"

一位参加训练营的父亲向孩子道歉的故事也十分令人感动。在训练营课堂上学习过"如何倾听与共鸣"后，这位父亲就在与自己上中学的儿子对话时活学活用。父亲与儿子的关系原本比较淡漠，因此当他叫住儿子时，儿子没好气地回答："干什么？"听到儿子的回应，这位父亲活用"倾听"的知识，问道：

"怎么了，和我说话不太高兴？"

儿子回答道：

"爸爸你每次叫住我，无非就是两件事。要么是训斥我，要么是支使我去做什么。我当然高兴不起来。"

父亲意识到自己与儿子之间"积怨已深"，继续询问儿子的内心想法。于是，儿子开始向父亲倾诉自己小时候被爸爸训斥感到很害怕，将积压在心中的久远回忆一件一件地讲了出来。父亲一边听着，一边感到心痛——这么久以来，自己竟然不知道儿子原来这么痛苦。他发自内心地向儿子道了歉，没想到这个壮实的大块头小伙子听到父亲的道歉，竟然哭了出来。

仅这一次的交谈就解决了父子二人之间的许多矛盾。这之后，父亲每天都会注意夸奖儿子。你看，正确道歉的力量就是这么强大。

在众多关于道歉的故事中，最动人的一则是我从一位白发苍苍的训练师前辈那里听说来的。这位前辈在一家大公司做到管理层，退休后开始摸索副业，然后走上了训练师的道路。他说，自己身为人父，在学习这些内容的同时也会反省自己，并感到万分后悔。他对待孩子时，并没有做到倾听与共鸣，而是支使和命令；自己工作太忙，没什么时间陪伴孩子；担心孩子达不到社会认可的水准，因此过于看重孩子的成绩，要求孩子必须做一个成功的人……他后知后觉地对自己过去的行为感到抱歉，可是已经太迟了。

他并没有寄希望于"以后要有所改变"，而是将已经长大成人的孩子们聚在一起，在他们面前跪下，声泪俱下地道歉："我曾以为，自己身为你们的爸爸，努力赚钱就是对你们的爱。对不起，是爸爸错了。"

几年前那位向我提问过的妈妈，如果有机会能再次见到您，我想对您说：

"道歉没有固定的时间和固定的方法。只要是发自真心，只要能传达出您的悔意，您可以在任何时间、以任何方式向孩子道歉。父母向孩子道歉，是因为深爱孩子，是因为父母自己也感到痛苦。让孩子感受到您的爱意与歉意，就是真正的道歉。"

世仁的孩子已经 20 个月大，这是她生产后复工的第 6 个月。因为工作需要经常加班和出差，她经常在家和公司之间疲惫地来回奔波，好在娘家的母亲有时能帮她带一带孩子。可是即便如此，世仁在复工前忙着照顾孩子，复工后既要上班又要照顾孩子，别说发展兴趣爱好，就连和朋友见一面的时间都没有。她在公司、自己家和娘家之间三点一线地奔波，和高三学生没什么两样，生二胎的愿望也化为水中泡影。

可是世仁的丈夫就不同了。丈夫每月一次甚至每周两次外出喝酒，各种红白喜事一个不落地参加，如果碰上孩子身体生病，一家人没法全部到场，他就会独自前往，把孩子留给妻子照顾。而且，每逢外出，他都嗖的一下不见踪影。至于照顾孩子、给孩子换尿布等全都是妻子的活儿。尽管孩子出生已将近两年，可他现在仍然像个新手奶爸，独自照顾孩子时只会手忙脚乱。丈夫对家务也是一窍不通，甚至孩子吃饭都是岳母来家里喂。妻子加班或者有公司聚餐时，他还会不停地给妻子打电话："怎么还不赶紧回家？"

就这样，世仁与丈夫之间的不满与误解越积越多。因为公司接了一个重大项目，世仁一连几天都在公司加班。她连晚饭都来不及吃，一直到晚上七点半后才能回家。到了连续加班的第5天，刚好朋友们说要在附近见一面，于是世仁就顺路参加了朋友们的聚会。可是，半小时一过，世仁就马上起身回家。而且，为了更快一点到家，世仁还打了一辆出租车，然而不巧碰上了堵车。她坐在出租车里焦躁地等了一个半小时，这期间丈夫一连打来三通电话，丈夫的声音传出话筒，对她大吼道：

"孩子到处找妈妈呢，你还有闲工夫和朋友一起喝茶？不是坐地铁回家吗，怎么又成坐出租车了！"

世仁迄今为止的所有努力都被丈夫一句话否定，就连短暂地见一见朋友也要听丈夫大吼大叫，世仁对丈夫的怒气升到了极点，好不容易才压住了自己想骂脏话的冲动。丈夫毫不反省自己的所作所为，只知道一味地指责妻子，可他如果没有妻子，自己一个人根本照顾不了孩子。面对丈夫的自私与无能，世仁对丈夫的感情已经

第二章 正确表达生气的方法

消磨殆尽。

此时，世仁该怎样做才好呢？

孩子出生后，因与丈夫之间的矛盾而倍感痛苦的妻子并不只有世仁一个人。多数研究结果表明，婚姻满意度在第一个孩子出生后开始出现急剧下降；直到孩子长大成人、离开父母的怀抱，婚姻满意度才有所回升。这是因为，我们成为父母后，要面对的事情更多，身上的责任更重，压力也会随之增加。因此，夫妻间的交流会变少，亲密度也会下降。在家庭结构发生变化及其引发的责任再分配过程中，出现矛盾是必然的。因此，以何种态度解决矛盾就显得尤为重要。

夫妻关系大致可以分为以下三种类型：

第一种是依赖型。即在伴侣缺席的情况下无法独自生活。比如丈夫离了妻子就解决不了吃饭问题、不能一个人带孩子，比如妻子离了丈夫就无法独自管理银行存款、无法一个人进行决策，这都属于依赖型夫妻关系。依赖型关系的夫妻能够彼此互补，这当然很好，可是一不小心也容易发展成为"没有你不行""你必须满足我的需求"这样控制欲较强、带有强迫性质的关系。

第二种是独立型。独立型关系的夫妻自己就能够满足自己的需求，两个人过各自的生活。各自的钱各自管，各自的饭各自吃，各有各的兴趣爱好。这一类型的夫妻之间亲密度较低，他们在一起更像是公事公办的关系，只在有需要时才会交流。他们貌合神离，两个人在一起跟一个人待着没什么两样，并不会叠加产生什么新"Buff"①。

第三种是相互依赖型。这一类型的夫妻相信自己一个人也能把事情搞定，但是如果有对方帮忙就能做得更好。他们尊重彼此的个人空间，能够自由、坦然地拜托或拒绝对方。不同于依赖型的"没有你不行"，相互依赖型的夫妻信奉的观点是"你可有可无，但有你会更好"，也就是"虽然一个人也很好，但是两个人会更好"。

如果你与丈夫是独立型夫妻，那么你们有必要适当提升一下亲密度；如果你们是依赖型夫妻，那么你们需要多多培养自己的独立能力，向着相互依赖型发展。

那么，世仁和丈夫又是哪种类型呢？世仁能够独自兼顾工作与育儿，属于独立型；而丈夫不能独自承担身为孩子爸爸的责任，更像是依赖型。丈夫的依赖性太高，导致世仁维系自己的日常生活所必需的边界屡受侵犯。

---

① Buff 原意是指增益，在游戏中指增益系的各种魔法，通常指给某一角色增加一种可以增强自身能力的"魔法"或"效果"。——译者注

世仁若想获得内心的平静，首先丈夫需要"能够独立地承担起孩子爸爸的责任"。世仁与丈夫作为孩子的父母，首先需要有能力承担各自的责任，才有可能在此基础上形成健康的依赖关系。

经常会有女性说，丈夫就像"自己养的另一个儿子"。可是丈夫就是丈夫，不是你的儿子。不要再帮"儿子"穿衣、喂饭、哄他睡觉，而是应该让他自己承担起应尽的责任。如果你厌倦于对丈夫"期待—失望—期待"的恶性循环，认命般地像丈夫的父母一样照顾他，这或许会获得暂时的内心平静，可是平等的、相互依赖型的夫妻关系也会化为泡影，永远都不可能实现。

世仁的丈夫不会照顾孩子、对家庭生活漠不关心的最大原因是，他从小成长在父权家长制的家庭文化里，并且一直处在这样的社会氛围中，至今仍认为家务理所应当交给女性去做。但是，世仁自己的行为也存在问题。如果世仁经常开诚布公地告诉丈夫，自己独自承担照顾孩子的责任有多么困难、孤独，那么情况又会如何呢？如果为了让自己缓口气儿，每个月哪怕只有一次、每次外出半天，把孩子交给丈夫照顾，又会如何呢？如果她不将照顾孩子视为自己理所应当的义务，也并不独自一个人进行相关决策，而是和丈夫共同商议、共同去做，又会如何呢？如果世仁没有拜托娘家的母亲全权照顾孩子，而是坚持让丈夫育儿，情况又会怎样呢？

世仁指责丈夫"消极怠工"，但却只是对其选择性无视，没有采取任何的应对措施，这也从侧面进一步助长了丈夫的消极态度。世仁嘴上说要和丈夫共同照顾孩子，可实际上她一个人就"包圆儿"了。而且，世仁还觉得"自己的痛苦有什么好说的""丈夫上班赚钱，这点小事就交给我来做吧""反正我干活更快、更麻利""丈夫干家务不太熟练，也不怎么喜欢孩子"……世仁的丈夫之所以不会照顾孩子、对家庭生活漠不关心，是因为一直以来，他根本不需要照顾孩子，也不需要做家务。在这样的家庭环境和社会环境之中，丈夫不需要积极出面，妻子对丈夫的指责也变得越来越轻飘无力。世仁或许无法扭转丈夫自私、消极的态度，但是她可以不再容忍下去，而是要求丈夫做出改变。

然而，要求丈夫改变，并不意味着与丈夫吵架，更不意味着吵赢丈夫。一旦吵架，对方要么反击，要么逃跑。如果我们一味地大喊"我说得对，你应该听我的"，那么没有人会竖起耳朵倾听我们讲话。我们的嗓门越高，对方的嗓门也会随之抬高，或者干脆闭口不言。这就导致我们不但无法伤敌一千，反而还自损八百。最终导致我们本希望解决矛盾，却使矛盾变得更加尖锐。如果我们的行为并不能对目标有所助益，那么我们就应该及时止损。

不能忍气吞声，也不能与丈夫吵架、把心中的不满一吐为快，那么我们究竟应该怎么做呢？这世界上有无数个"世仁"，她们因为自私的丈夫而内心备受煎熬。她们该怎么做，才能缓解这种现状呢？有一个办法，那就是守住自己的边界。

我们之所以有安全感，是因为物理边界、时间边界和情绪边界的存在。边界的大小和牢固与否因人而异，具体可分为以下三种类型。

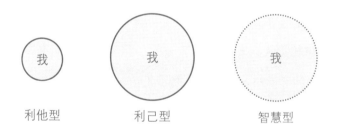

利他型　　　　利己型　　　　智慧型

第一类人属于利他型。这类人往往心地善良、乐于助人，善于体贴他人　然而，他们虽然备受好评，却存在着一个很大的问题，那就是他们不懂得要求或请求他人满足自己的需求，无法坚持自己的需求。为了满足别人的需求，他们经常把自己的需求搁置一旁；在出现问题时，他们无法客观公正地看待彼此的错误之处，只会过分夸大自己的过失。这类人很容易产生负罪感，而且牺牲自我的意识也格外强烈。

第二类人属于利己型。他们明确地知道自己想要什么，而且非常有主见。然而，他们的问题在于，比起他人的需求，他们更加重视自己的需求是否得到满足，因而他们往往"不好说话"，很难向他人做出妥协。在出现问题时，他们的第一反应是责怪对方，对于自己的错误却绝口不提。

第三类人则是我们应当追求的类型，也就是智慧型。他们的私人领地尽管十分宽广，但是界限感却没那么强烈。他们既能很好地坚持自己的需求，同时在自己与他人的需求发生冲突时，能够通过沟通进行调整，以实现彼此的双赢。他们知进退，懂得自己哪些需求绝不能让步，同时也懂得倾听和尊重对方不能妥协的需求。即使对方表示拒绝，也并不是在拒绝自己，而是一种坚守自己需求的行为——他们深深明白这一点，并能给予尊重。

许多女性属于利他型，而许多男性则属于利己型。这是因为，女性具有与生俱来的强烈的共鸣意识、联结意识和纽带意识，而男性则优先倾向于保证自己的生存，

第二章 正确表达生气的方法

守护自己的私人领地。而且，自古以来固化在人们观念中的"好女人""好男人"形象进一步强化了男性与女性的这种不同倾向。利他与利己本身并没有问题，存在问题的是缺少利己的利他，以及抛却利他的利己，这也正是影响夫妻之间和平共处的绊脚石。男性应该学习如何照顾孩子、体贴妻子，女性则应该学习如何对丈夫的利己行为说"不"，勇敢坚持自己的权利。如果你希望得到这样的训练，那么可以学习以下优美的话术。

1. 请求

当你为了守护自己的边界，向丈夫请求协助时：

· 老公，朋友们说这个月底要和我聚一聚，到时候孩子交给你看管半天可以吗？

· 老公，你每周抽出两到三小时带孩子出去玩呗？

· 老公，我今天有点发烧，你七点前能回家吗？现在家里简直一团糟。对了，回家时记得帮我捎一份粥哦。

2. 表达心情

当你感到万分疲惫，向丈夫坦诚地表达自己的心情，希望得到丈夫的理解和协助时：

· 产后复工以后感觉心里压抑得要命。在公司的时候战战兢兢害怕出错，回到家以后又因为对孩子很愧疚，被应该补偿孩子的想法搞得压力很大。

· 老公，我们养孩子以后彼此的交流好像变少了。而且我们好像也没时间交流，就算有时间也感觉没什么话说……好难过啊。

· 养孩子真的会花不少钱呢，这么多花销我们能负担得起吗？好发愁啊……

3. 拒绝

当你为了守护自己的边界，对丈夫的请求／要求说"不"时：

· 今晚公司有聚餐，我晚些时候才能回家。晚上7点以后可能不太方便接电话，有不知道的就在7点前抓紧时间问我吧。

· 这周末去孩子的爷爷奶奶家？感觉有点困难呢，也要留点时间给我们三口之家的亲子时光呀。

· 你的白衬衫我没法熨了。我也想给你熨好，但是现在根本没工夫做这个。

4. 反馈

不要指责丈夫的问题行为，而是要讲出自己的需求（问题行为＋影响＋请求／要求）。

· 老公，你明明说会刷碗，可是实际上并没有去做，这样可怎么行？既然说到，就应该做到嘛。

· 我在睡觉，如果你总是吵醒我，我就睡不着。这样就会很影响第二天的生活。你如果无聊，就一个人找点事打发时间，别吵醒我。

· 你在家总盯着手机看，哪还有时间陪孩子一起玩。等孩子睡着了再玩手机也不迟。

5. 要求

表达出自己希望对方怎样做：

· 我下班后做了整整 4 小时的家务，可你除了丢掉厨余垃圾外什么也没做。以后洗衣服的活儿就全都交给你做吧。

· 如果你回家太晚，我就不给你准备晚饭了，你自己找地方解决吧。

夫妻是家庭的基础。夫妻关系和睦相当于解决了 80%以上的家庭问题。要想建立和睦的夫妻关系，我们既不能一味地期待对方完美贴合自己心目中的丈夫形象，也不能因为对方不是自己心目中完美的丈夫而感到失望、想要放弃。丈夫不是什么心灵术士，也不是魔法师，更不是"胳膊肘向外拐"①。丈夫是"胳膊肘向里拐"，是纯粹的"自己人"。所以，只要我们不打算离婚或"卒婚"②，就要学会将自己的需求表达出来。如果我们一味忍耐，丈夫也会摸不着头脑，不要指望他们有读心术；如果我们大举进攻，一味指责、命令和要求，丈夫就溜得比兔子还快。最终，要想维持独立而不失亲密的关系，只有不停沟通这一个办法呀。

---

① 此处其实是文字游戏。在韩语中，"丈夫"一次是"남편"，如果在这两个韩语文字之间加上表示"的"的"의"，原词就变成了"남의 편"，"丈夫"变成了"胳膊肘向外拐"，有妻子对丈夫的吐槽之意。——译者注
② "卒婚"是韩国近年的网络流行语，指夫妻二人不办离婚手续，各自过各自的生活，彼此互不干涉。——译者注

第二章 正确表达生气的方法

第三章

当孩子生气时，我们该怎么办？

⌈ ⌉ 孩子为什么这么容易生气?
⌊~⌋ → 先天和后天两种原因的共同作用

秀敏有一个 9 岁的儿子和一个 6 岁的女儿。最近，儿子马上就要开学，秀敏感到焦虑不已。这是因为，儿子英浩管不住自己的脾气。英浩第一次出现这个问题是在 4 岁的时候。那时，只要他一生气，就会打人、咬人，凡是能被他抓到的物品通通乱扔一气，或是撕个粉碎然后用脚踩来踩去。由于英浩的脾气，秀敏当时经常接到幼儿园的电话，被告知英浩又闯了什么祸。面对这样的情况，秀敏很难不生气，她对英浩骂也骂过，打也打过，可是打骂孩子的方式非但达不到管教的效果，反而造成了严重伤害——英浩 7 岁时，甚至出现了抽搐症状，让秀敏吓了一跳。

从那时开始，秀敏停止了对孩子的打骂教育。她下定决心，要原原本本地接纳孩子的一切，要成为孩子温

第三章 当孩子生气时，我们该怎么办?

暖的港湾。同时，她还鼓励英浩表达自己的情绪。升入小学的英浩马上就要开学了，她更是积极地迎合孩子，因为她实在太担心英浩未来的校园生活。

在接受情绪训练等种种努力之下，英浩现在生气时不会再乱扔东西。然而，他仍然总是为一些无关紧要的小事生气。对朋友发脾气时，他也经常说"我不需要你！你这个傻子给我一边待着去！"这样伤人的话。

孩子进入小学后，就开始正式步入集体生活。因此，我们需要在这之前，让孩子学会用大家能够接受的方式来表达愤怒。如果小学一年级时没能很好地建立人际关系，孩子就会在同学心中留下"不好相处"的印象，孩子自己也会因为人际关系屡受挫折而变得消极。

那么，英浩为什么这么容易生气呢？难道这其中有先天方面的原因吗？

杰罗姆·凯根（Jerome Kagan）是美国 20 世纪最伟大的发展心理学家之一，他一生致力于儿童情绪和认知发展的研究。1989 年，他开始对 500 名出生仅 4 个月大的婴儿进行长达 20 年的气质追踪研究。研究结果显示，每 5 人中有 2 人属于面对陌生刺激也能沉着应对的"低反应型"，1 人则是反应激烈的"高反应型"。

低反应型的儿童能够毫不犹豫地走向陌生的玩具，

也会大胆地将手伸进陌生的杯子里。这些孩子很大概率会成长为轻松、自信且外向的性格。相反，高反应型的儿童在被父母放到地上时，会激烈挣扎、哇哇大哭，当陌生人走进房间时，他们会大喊"不行，不行，不行！"。杏仁体是人类大脑中负责控制恐惧情绪的部分，高反应型儿童的杏仁体更容易受到刺激，因此在应对新刺激时，他们会感到很难受，所以他们对陌生事物的反应才会如此迅速而激烈。他们就是大人们常说的"敏感的孩子""挑剔的孩子"，将来很有可能会成长为认真、谨慎而内向的性格。

照顾敏感、挑剔的孩子是一件十分辛苦的事。哪怕周围环境稍微有点陌生，他们就不肯离开父母的怀抱；在哄他们睡觉时，父母大气都不敢喘一声，因为他们对声音非常敏感；食物但凡有一丁点不合胃口他们就不肯吃饭，而且他们常常因为事情不合自己的标准而大发雷霆。照顾他们吃饭、睡觉，同时还要全盘接受孩子的坏脾气，这样的生活每天都过得如履薄冰。而且时间一长，我们还会在孩子面前产生卑微的感觉，仿佛自己不是孩子的母亲，而是顺从、讨好孩子的"侍女"。

没有父母有精力毫无底线地去接纳一个敏感到令人不可理喻的孩子。因此，父母在顺从孩子的同时，有时

第三章 当孩子生气时，我们该怎么办？

也会忍不住训斥、批评孩子。其实，父母自己也感到迷茫，不知道应该接纳孩子到什么程度。因此，他们才会时而百般顺从孩子，时而却对孩子大发雷霆。

这种阴晴不定的态度会对孩子的成长产生怎样的影响呢？孩子会无法预知自己的情绪和需求是否会被父母接受、能被父母接受多少。这种未知性使孩子压力大增，因此孩子才会撒娇、撒泼纠缠父母，直到父母愿意接受自己的情绪或需求为止。这样一来，孩子就会被贴上"一言不合就撒泼""情绪调节能力太差"的标签。

但这并不意味着所有高反应型的儿童最终都会成长为易怒、与社会格格不入的人，也不意味着低反应型的儿童未来会成长为脾气温顺、善于社交的人。哪怕是像高反应型儿童这样对情绪、需求十分敏感的人，只要能得到应有的照顾和温暖的呵护，他们反而会成为社交能力出众的人，情绪问题出现的频率则大大降低。畅销书《安静：内向性格的竞争力》的作者苏珊·凯恩（Susan Cain）曾说道：

"他们总是善解人意，乐于助人，也长于合作。他们善良而勤奋，对冷漠、不公以及不负责任的事情感到不安。他们总能把自己重视的事情做得尽善尽美。"①

相反，如果生活在不安定的环境之下，高反应型的儿童抑郁的概率较低反应型儿童高20%，免疫力下降，更容易患感冒和呼吸系统疾病。也就是说，与低反应型儿童相比，高反应型儿童更容易受到环境的影响。

因此，高反应型的儿童在婴幼儿时期尤其需要得到温暖的呵护和照顾。当孩子发脾气说"好烦"时，当孩子哇哇大哭说"好伤心"时，当孩子因饭菜不合胃口而不愿吃饭时，我们要学会读取他们话语中暗含的情绪，尽量满足他们的需求。同时，我们也应当教给孩子用更合适的方式来表达自己的情绪。

情绪调节能力由我们大脑中的眶额前脑皮层（Orbital Frontal Cortex，简称OFC）负责调控，而眶额前脑皮层在孩子出生三年后已经结束了一定程度的发育。如果孩子在婴儿时期没能学会如何调节自己的情绪，那么未来就会耗费更多的时间和精力去学习调节情绪。如果你的孩子很敏感，而你想要锻炼孩子的情绪调节能力，那么你需要明确告诉孩子，你无法满足他／她提出的哪些需求。

孩子之所以易怒，是因为先天方面敏感的个人气质

---

① 此处译文参考中信出版社2012年出版的《安静：内向性格的竞争力》--书，作者苏珊·凯恩，译者高洁。——译者注

和后天的情绪调节方式不当。先天性的敏感气质无法改变，更不可能通过训斥孩子有所改善。然而，我们可以把它发展为孩子的长处，教给孩子如何在相应的情景下表达自己的情绪。要想做到这一点，我们需要付出许多时间与努力，但是最终一定会有所回报。

（培养孩子情绪调节能力的方法会在第 5 章中具体讨论。）

妈妈可以生气

孩子发脾气，是不是因为不把妈妈放在眼里？

→ 孩子发脾气，其实不关妈妈的事

　　孩子们总会因为各种各样的理由生气。比如朋友擅自触碰了他的玩具，或者弟弟弄塌了他的积木，或是家长不让他看电视……对此我也深有感触。孩子三四岁的时候，有一次冲我大发脾气，要求我把食物切成小块。可是，当我把年糕、奶酪、香蕉等食物一一切成一口就能吃掉的大小后，孩子看到这些又开始大哭大闹地发脾气，不肯上前：

　　"为什么切开！把它们重新粘起来！"

　　当时我真是惊慌失措，不知道怎么办才好。而且，这样的情况不止一两次，孩子回回都如此。我不嫌麻烦、为孩子精心把食物切成合适的大小，到头来孩子却是这个反应。后来我一想，其实对于孩子来说，学会用手拿着食物吃也是非常重要的。

在家长看来，孩子发脾气的理由其实都是些无关紧要的小事。因此，当孩子生气时，家长往往会用嘲笑或无所谓的语气说道：

· 怎么搞的，就因为这点小事气成这样。
· 为这点事情值得气成这样吗？
· 这事也没什么大不了的。

这样的话听多了，孩子自己也开始轻视自己的情绪，认为自己确实存在问题——太过情绪化，或是过度敏感。

也有一些父母会哄一哄发脾气的孩子，将孩子的坏情绪转换回积极的情绪上来。

· 妈妈给你个更好的好不好？你看这个怎么样？
· 知道了，知道了，对不起。待会给你巧克力吃总行了吧？

可是，如果父母在孩子情绪发生波动时，总是以这种态度对待孩子，那么孩子就会压抑自己的情绪，或是将注意力转移到其他方面，甚至孩子长大后还可能会养成抽烟、喝酒或打游戏的习惯作为临时逃避问题的手段。

妈妈可以生气

情绪具有极强的传染性。如果孩子看到妈妈生气，那么自己也很容易变得心情不好，反而会招致父母更大的怒火。

· 你为什么对妈妈发火！我这都是为了你好！妈妈哪里做错了，啊！

· 你能不能好好讲话。你这种说话方式会让妈妈不高兴的。

· 你这是冲谁发神经呢！！真是没大没小。

· 你好好睁大眼睛看看，自己是不是欠骂？

· 是不是我对你太好了，你就觉得我好欺负？

如果孩子经常听到这样的话，久而久之，"表达情绪是坏事、会影响亲子关系"的想法就会在心里根深蒂固，孩子逐渐习惯压抑自己的情绪，最终成长为"压抑型"人格。并且，等到自己为人父母后，多半也会采取同样的态度压抑自己子女的情绪。

孩子发脾气时，如果父母也发脾气，而且程度比孩子更加激烈，那么孩子很快就会在害怕、畏缩之下屈服，迅速偃旗息鼓。然而，没有父母希望孩子惧怕自己。所有父母都希望自己能够和子女其乐融融地相处。若想如此，父母就需要采取其他方式应对孩子发脾气的情况。

首先，让我们了解一下孩子为什么会发脾气。孩子发脾气是因为不把妈妈放在眼里吗？是觉得妈妈好欺负吗？或者，是希望自己能说了算吗？其实都不是。如果你觉得这之中某个观点很有道理，那么你需要好好回顾一下过去的经历，并且问一问自己，为什么在这么多观点中，只有这个观点会被你青睐。

其实，孩子发脾气和妈妈并没有关系。孩子之所以生气，原因很简单，那就是孩子的需求并没有得到满足。可是，既然与妈妈无关，那为什么还要对妈妈发脾气呢？这是因为，妈妈是最亲近也是最能在满足自己需求上给予帮助的人。同样地，如果孩子与奶奶一起生活，那么发脾气的对象就会变成奶奶；如果孩子和爸爸的关系更亲密，那么也会冲爸爸发脾气。虽然从表面上看，孩子是在粗鲁地、凶巴巴地发脾气，可是孩子的心里其实感到很郁闷、很受伤。因为孩子想要实现自己的需求，却受到了挫折。那么，这种郁闷而受伤的心情该向谁吐露呢？当然是最能够给予自己安全感的人。因此，孩子冲妈妈发脾气，其实是因为只有妈妈才是最让自己感到安全的那个人。

乱发脾气的孩子最需要的就是让自己郁闷的心情得到共鸣，就是学会用话语表达自己的需求，而不是受到

"发什么脾气！"这样的呵斥。孩子发脾气时，如果有人能够理解自己的心情，那么他们的怒火就会很快平息下来。因为在理解自己的人面前，他们不需要逐字逐句地解释，也不需要情绪激动。

如果孩子的怒火一直未能平定，那就说明孩子的心情其实并未得到充分的包容和理解。如果父母能够明确指出："你想要的是××对不对？妈妈其实很理解你。"那么孩子就会用力点头："嗯！"粗鲁的言行也会随之减少。

"在刺激和反应之间，有一个空间。"

这句话出自纳粹死亡集中营的幸存者、"意义疗法"的创始人、著名精神医学家维克多·弗兰克尔（Victor Frankl）。在面对外界刺激时，人可以分为两大类，一类是觉得自己"什么都做不了"、习惯性地下意识做出反应的被动型（reactive），一类是思考"我想要什么"并能够自主地选择接下来如何应对的主动型（proactive）。存在于刺激和反应之间的空间越是狭小，人们越是容易产生被害者意识；空间越是宽广，人们越会成为主动型的人。被动型的父母面对发脾气的孩子时，也会做出同样的反应——生气。但如果是主动型的父母，即使孩子冲自己大发脾气，主动型的父母也能够自主掌控自己的言行。那么，读到这里的你，想成为哪一类父母呢？

孩子发脾气我们都要体谅吗?
→包容到什么程度，取决于妈妈自己的选择

允熙最近十分委屈。她有一个五岁的女儿，每当女儿先冲自己发脾气时，自己也抑制不住怒火。她希望理解孩子发脾气的行为，可是无论她多么努力，总是按压不住自己的怒气，总是觉得有心无力。尽管她很理解孩子不想刷牙的心情，但是每次看到吵吵嚷嚷不愿去浴室刷牙的孩子，她总是忍不住大声呵斥："还不快去刷牙？"这样一来，心情变得更差的孩子就会没大没小地顶嘴，而这只会让允熙更加气不打一处来。

允熙感到无比苦恼。她不知道自己该接受孩子的脾气到什么程度；不知道当孩子因为心情不好大声嚷嚷时，自己应该当时就进行纠正还是应该等到孩子的心情平复后再说；她也不知道如何教给孩子用健康的方式表达自己的情绪。

当我向妈妈们讲授"共情"这一课时，也经常能听到和允熙一样的苦恼和倾诉。

"太难了。"

"每次都要这么做吗？"

"孩子都发脾气了，为什么我还得好声好气地讲话？"

如果不是亲眼看到、亲耳听到并有所收获，你或许会觉得这很尴尬，而且很难做到。而且凭什么只有我们需要这么做？这太令人感到委屈了。面对孩子发脾气时，我们必须要全盘接受孩子的脾气并且对孩子进行开导吗？对于这个问题，我给出的答案是不。任何父母都没有义务一直理解孩子的情绪，也没有义务一直好声好气地对孩子讲话。而且，谁也不能强迫父母共情孩子的情绪，就算是父母自己也不行，因为父母也是具有自由意志的人类个体。

英国电视剧《真实的人类》[①]向我们生动地展现了人工智能机器人已经广泛普及的未来人类社会图景。主人公劳拉有一天出差回家，遇到了机器人阿妮塔。原来，自己出差期间，丈夫既要照顾三个孩子，又要做家

[①] 科幻类电视剧，原名 *HUMANS*，2015 年 4 月于英国首播。——译者注

务，厌倦之下购买了一个机器人放在家里。劳拉感到自己的位置已经被机器人取代。因为阿妮塔与自己不一样，她会为家人准备丰盛的早餐，会将家里打扫得丁丁净净，还会认真地倾听孩子们讲话，并且满足他们的要求。

阿妮塔就是我们在育儿书里看到的那种"理想妈妈"的形象。不同于现实生活中的妈妈，理想妈妈拥有超强的体力、出众的信息处理能力，不会突然生气或陷入抑郁，也不会将要给其他人准备的物品忘得一干二净。所以，孩子们都很喜欢阿妮塔。劳拉的小女儿还将睡前给自己读故事书的任务交给了阿妮塔。尽管劳拉表示反对："读故事书是妈妈该做的事。"但是小女儿却对劳拉说："不，我喜欢阿妮塔。阿妮塔从不会急性子。"

如果我们给机器人输入"读取孩子情绪"的命令，机器人就会照做。但是，万能的机器人也有绝对做不到的事情，那就是共情孩子的情绪，以及"爱"的能力。尽管机器人可以说"你在哭，你很伤心"，但是它们也无法对这种伤心的情绪感同身受；尽管机器人可以说"我爱你"，但是它们却做不出许多因爱而生的行为，比如情不自禁地亲吻你，比如拖着生病的身体为你做饭。除此之外，机器人也不会表达情绪、不会做出选择、不会反省、也不懂得负责。这就是机器人无论能力多么出色，都不可能取代人类、取代妈妈这一角色的原因。

可是，妈妈并不是机器人。妈妈无法成为机器人，也不能成为机器人。与机器人不同，妈妈会有自己的情绪和需求，因此她们会生气，会陷入抑郁，会感到害怕。妈妈是人，难免有时会涌现各种情绪。

机器人没有感情，没有思想，也就是说机器人没有自我意识，无法独自做出判断。然而，妈妈作为人类，拥有独自判断并根据判断进行选择的能力。也就是说，当孩子发脾气时，妈妈完全能够独立选择接下来如何应对。无论做出何种选择，妈妈的行为都会对孩子产生影响，并且这种影响产生的结果会再次返还到妈妈身上。

因此，有着与允熙相似苦恼的妈妈们现在应该做的并不是一味机械地遵循专家的理论和建议，也不应为自己必须做出牺牲而感到委屈，而是应该认真地问自己：

"我想做出怎样的选择呢？"

请你抽出时间，找地方安静地坐下，在纸上写出你的回答。

· 我想成为怎样的父母？为什么？
· 等到孩子长大成人后，我在孩子心目中会是怎样的父母？为什么？

我上"共情"这一课时，经常会向妈妈们抛出这样的问题：

"小时候你想从父母身上获得，但是却无法获得的东西是什么？"

对于这个问题，许多妈妈给出的回答是"关心"或"爱"。我们想从父母身上获得的并不多。当我们萎靡不振时，我们希望得到的不是父母翻白眼："你这孩子怎么回事，表情总是这么丧气？"而是询问我们："发生什么事了吗？"当我们丢失物品时，我们希望得到的不是父母的呵斥："早就让你别丢三落四，连个东西都保管不好！"而是父母的安慰："你这么爱惜却把它弄丢了，一定很难过吧？"当我们成绩下降时，我们希望得到的不是父母的冷嘲热讽："一天到晚就知道玩，成绩不下降才怪。就你这样还想考大学？"而是为我们准备热乎乎的一顿饭，鼓励我们："我做了你爱吃的菜，吃完以后要好好努力学习哦。"

我们的孩子也是一样。孩子们的要求并不高，他们想要的并不是"总是轻声细语的温柔妈妈""一直把自己抱在怀里的妈妈"，也不是"苗条而美丽的妈妈""做饭好吃、愿意给自己买玩具的妈妈"，更不是"聪明富有的妈妈"。

你想成为孩子心目中怎样的父母呢？是孩子发脾气

时，更加激烈地冲孩子发脾气的父母？还是理解孩子为什么发脾气，并以自己的言谈举止教给孩子如何正确地宣泄怒火的父母？

成为怎样的父母，取决于你自己的选择。然而，我知道，你想选择成为的父母一定是后者，尽管这条路并不好走，尽管你现在并没有做到，尽管你对自己失望甚至厌恶，但是你仍然义无反顾地选择了这条路。此时的你还未合上这本书，还在继续认真阅读这本书就是最好的证明。

虽然我们很想接受孩子发脾气，但有时候确实很难做到。比如我们自己的情绪汹涌波动时，比如我们自己的需求连最低限度都得不到满足时。这种情况在过去时有发生，未来也将会如此。当我们自己情绪不稳定时，很难对他人的情绪产生共情。不是因为孩子发脾气太过分，而是因为我们的心只有这么大。这种情况下，我们再怎么努力共情孩子的心情都毫无作用。我们只会感到愤怒，感到委屈。这时就意味着我们自己也需要得到共情。我们可以通过自我共情或是与能够共情自己心情的朋友见面聊个天，先让自己疲惫、愤怒的心情平静下来。

孩子比父母更脆弱。孩子所拥有的知识、智慧、生活经验、金钱、体力等方方面面都不如父母。他们往往以自我为中心，不懂得体谅他人的心情，自己心中的情绪容量也只有丁点儿大小。因此，他们容易冲动发脾气，自己怎么高兴怎么来。如果将孩了与父母放在一起比较，父母的情绪调节能力显然更加出色，因此，父母共情孩子情绪的情况不可避免地多于孩子共情父母的情况。我们接受孩子发脾气，不是因为必须接受而接受，而是应该以更加成熟、智慧、有能力的方式去接受。而且，当这份成熟、智慧和能力枯竭告罄时，我们也要坦然地承认："我现在需要他人的共情。"

妈妈可以生气

孩子的心好难懂
→ 慢慢来，但求尽力，不求完美

　　我家孩子每次进行幼儿体检时，身高都仅卡在倒数4% ~ 5%的区间。到了六岁时，孩子开始气呼呼地问我："妈妈，为什么我的个子这么矮？"因为幼儿园里一名比她大一岁的小朋友嘲笑她的个子还没有五岁的小朋友高；去游乐场时，如果遇到奶奶们问她"你几岁了？看起来像四岁"，她也会闷闷不乐。

　　面对看重自己外表的孩子，父母们一般会这样回应：
　　①你的个子矮？不是呀，你一点都不矮。
　　②别担心，你看爸爸妈妈个子都很高，你也会马上长高的。
　　③那个小朋友竟然敢这么说你，我要好好教训他。
　　④你要多跑多跳才能长高，下个月开始学跆拳道吧。

123

⑤现在知道个子矮了，妈妈说没说过让你晚上早早睡觉？

尽管父母说这些话的出发点都是为了孩子好，但是都未能读懂孩子的心情，也就是未能做到"倾听"。

第①句话虽然是安慰，但其实却在对孩子认为自己个子矮的"看法"进行否认。要知道，孩子的看法并不是说扭转就扭转那么容易改变的。

第②句话也是安慰，但是却掐断了孩子担忧的"情绪"。担忧的情绪并不是孩子主动发出，而是被动形成的。而且孩子的目光只局限于短期之内，将来会长高这种话孩子是听不进去的。

第③句话可能会让孩子心里暂时感到痛快，但这句话的含义是父母会帮助孩子解决问题。要知道，孩子的问题首先得让孩子自己去解决。如果父母想要培养孩子的主动意识，那么在孩子向父母求助前，父母绝对不要插手干预。

第④句话倒是提供了一种解决方案，可是孩子寻求的并不是解决方案，而是共情。在毫无共情的情况下突兀地提出解决方案，反倒会让问题很难按照孩子的心意得到解决。

第⑤句话分析了一点孩子个子矮的原因，并且将个子矮完全怪罪到孩子头上。妈妈讲这种话只顾着自己一吐为快，与孩子当下的感受相去甚远。如果你生病，孩子对你说"早就让你去医院，谁让你这么死撑着？"，你也会有同样的感受。

让我们重新运用萨提亚的冰山模型来解读这个问题。孩子的言行之下，是潜藏于内心的情绪、想法、期待和渴望。读取孩子的内心其实就是将孩子潜藏于水面之下的情绪和需求托出水面，用言语将其具象化的过程。而且需要注意的是，这个过程不能掺杂妈妈们自己的建议、期待、渴望和情绪等。原本围绕孩子内心的交谈一旦夹杂妈妈自己的心情在其中，那么这就不再是倾听。真正的倾听是像镜子一样，原原本本地映照出孩子的情绪与需求。例如下列这则对话。

倾听案例：

孩子：妈妈，我为什么个子这么矮？

妈妈：你觉得自己个子矮？

孩子：嗯，智恩姐姐嘲笑我说，我还没有五岁的小朋友高。

妈妈：我们诗元听到其他人这么说是不是很难过？

孩子：没错。她怎么能这么说我！真讨厌！

🙂 妈妈：就是，诗元为了长个子已经很努力了，但是还没见效，本来就很难过了。居然连智恩姐姐也这么说你，诗元你一定心里很不好受吧。

🙂 孩子：我以后不和智恩姐姐一起玩了。

🙂 妈妈：你讨厌智恩姐姐？就因为她说你个子矮？

🙂 孩子：嗯。下次我也要嘲笑智恩姐姐长得难看。

🙂 妈妈：你想这么做，看来诗元你心里真的很受伤吧？

🙂 孩子：当姐姐的怎么能这么嘲笑妹妹。

🙂 妈妈：如果她能体谅一下你的心情就好了，是不是？

无论孩子说什么，只要妈妈将孩子内心的情绪和需求进行重新表述，孩子的情绪就会自然而然地镇定下来。在上面这则对话的最后，孩子能够清楚地了解自己的内心，妈妈也能够理解孩子的心情。也就是说，孩子的冰山与妈妈的冰山产生了联结（connection）。如果在联结生成之前就提出解决方案，根本起不到任何作用。因为这种解决方案的提出过于草率，并没有建立在充分理解孩子内心的基础上。一定要记住，先联结，再解决！只有产生联结，才能更好地解决问题。

如今，我家孩子已经七岁，仍然为自己的身高感到烦恼。我在倾听孩子的苦恼时，会注意以下两点。

首先，我不会将孩子的烦恼缩小。我不会为了图方便，说"难过什么？还不都是因为你不好好吃饭"或是"慢慢会长高的，有什么好担心的"这种话迅速结束与孩子的交流。

其次，我不会主动出面帮孩子解决问题。如果孩子与我的交流是出于对倾听和共情的需求，那么我不必在一开始就抛出解决方案。就算孩子真的是向我寻求帮助，那也是孩子自己的事情，我不会把原本属于孩子的主动权抓在自己手里。

当然，站在孩子的立场去倾听是一项非常艰巨的挑战。我们对着大声发脾气的孩子说"原来你是因为好不容易搭好的积木被弄倒了所以才生气啊"其实需要相当好的耐心。这是因为，从根本上来说，人类都是以自我为中心，每个人都会以自己的标准去评价他人。在每个月生活费 2000 元的人看来，每个月生活费 3000 元的人实在是太浪费，而每个月只花 1000 元的人又是吝啬鬼。人类不仅以自我为中心，还只与同类来往。比如，学习好的人主要和学习好的人凑在一起，对于"学习好难"这种话，他们根本理解不了，这样一来以自我为中心的倾向就变得更加固化。

我们在面对孩子的负面情绪时，这种自我中心主义也会有所体现。比如，孩子不耐烦时，我们也会不耐烦："这种事有什么好烦的？"孩子站在秋千前感到害怕时，我们会强行拉起孩子的手说："哎呀，这没什么好害怕的。"孩子发脾气时，我们只顾着一味强调自己的意图："你发什么脾气？妈妈是为你好才这样的。"我们之所以无法做到倾听，自我中心主义是一个很大的原因。如果我们不有意作出改变，那么我们所说的话只会一味地关注我们自己的心情。

此外，无法做到倾听的另一个原因是，我们并不懂得如何倾听。如果我们没有过被倾听的经历，那么就连说一句简单的"原来是这样啊"都会显得生涩无比。正如从书本上学习如何谈恋爱的人在真正恋爱的过程中并不轻松一样，如果我们从书本上学习如何倾听，那么要想做到停止思考、全身心地将注意力集中在对方身上，也需要我们花费很长时间练习。这就像做一顿不知道什么味道的饭菜一样。尽管如此，倾听还是非常值得我们学习，因为倾听是交流沟通的基础，也是人际关系的基石。

说到"认真倾听"，就不得不提一个故事。这个故事叫作"月亮与公主"。很久很久以前，有一个备受国王宠爱的小公主。可是，年仅五岁的她突然有一天染上了疾病。为了重新见到宝贝女儿的笑容，国王问小公主想要什么。小公主说："我想要月亮。有了月亮，我说不定就能很快好起来。"

于是，国王开始到处寻求摘月亮的方法。他找来宫里的侍卫长、魔法师、数学学者，把全国上下所有称得上有学问、有能力的人都问了个遍，可是得到的回答都是"没有摘月亮的方法"，因为月亮实在太遥远、太庞大、太冰冷。小公主的病一天一天不见好转，最后甚至吃不下饭了。国王焦急万分，不得已找来了宫里表演杂技的小丑。

小丑明白事情缘由后，来到了小公主面前，问了她几个问题。

"公主殿下，请问月亮有多大呢？"

"月亮比我的大拇指要小一点。如果我对着月亮伸出大拇指，刚好就能把月亮全部盖住。"

"那么，月亮有多远呢？"

"月亮还没有我房间窗前那棵树顶远呢。有时，月亮只有悬挂在树枝尖尖上那么远。"

"那么，月亮是什么做的呢？"

"当然是金子做的啦。你是傻瓜吗，连这个都不知道。"

听完小公主的回答后，小丑找来工匠，用金子打造了一个只有手指头大小的黄金月亮，并把它带给了小公主。小公主如愿以偿地拿到了月亮，病很快也跟着好了起来。

在这个故事中，只有小丑对小公主所说的"月亮"的含义产生疑问。也就是说，只有小丑站在公主的立场上探究"月亮"是什么。有了充满探究的疑问与倾听，才有了"黄金月亮"这个绝妙的解决办法。

我们不理解孩子，并不影响我们对孩子的爱。同样的道理，我们尽管不认同孩子的一些言行，但是并不影响我们认真倾听孩子。虽然倾听并不轻松，但这值得我们为之努力。当我们将自己的脚伸进孩子又小又挤的鞋子里，弯下腰牵住孩子的手，用孩子的眼光打量世界时，自己与孩子的一致感就会油然而生。倾听当然值得我们学习，哪怕是为了体会这种一致感。

只是，我们既需要将目光放长远，但也不可急于求成。不必勉强，量力而行就好。

妈妈可以生气

孩子一生气就大喊大叫，乱扔东西怎么办？

→让孩子自己反省，自己负责

每当孩子一不顺心就大发脾气、做出蛮横的举动时，父母就会惊慌失措。孩子与朋友厮打，把自己的脑袋砰砰地朝地板撞，父母怎么可能不惊慌？对此，父母倒是想出了几个阻止孩子这种行为的方法。

比如，孩子在超市要求父母给自己买玩具却遭到拒绝后，把货架上的玩具统统乱扔一气时，父母通常的反应如下：

· 你如果总是这样，我以后就不带你来超市了。

· 我要喊警察叔叔来把你抓走。

· 你看这里其他小朋友有没有像你这样乱扔东西的？没有！为什么只有你这样！你看那边的小弟弟多乖、多听话，你还是大哥哥呢，怎么连他都不如？唉，真丢人。

- 你怎么能乱扔东西？太危险了！还不赶紧把东西捡回来放好！

- 这些东西摆在这里是为了给别人看、让别人买，如果你弄坏了就要赔偿。赶快道歉！

- 为什么乱扔东西！你知道自己在做什么吗？到底是跟谁学的！

这几种反应背后的逻辑其实是：

- 指示与命令：把东西捡回来！／道歉！
- 威胁与警告：以后不带你过来了。／警察叔叔来把你抓走。
- 比较：你看弟弟就很乖……
- 逻辑说服：这些东西是新的。／需要赔偿。
- 刨根问底：为什么乱扔东西！／跟谁学会这么做的！

父母所希望的是，孩子能够意识到自己的错误，并且以后不会再犯。为此，父母会冲孩子发脾气，并且会采取各种各样的说话策略。可是，父母所说的这些话，真的能够原原本本地传达出父母的本意吗？在听到上方案例中的话语后，孩子真的会发自内心地说"我错了，我下次不会再这样了"，承认自己的错误吗？

妈妈可以生气

让我们尝试回想自己的小时候。当我们被与其他人放在一起比较时，当我们被父母强迫或威胁时，当父母指挥或命令我们做什么时，我们的心中会有什么反应呢？是顺从地听话，还是心中更加不服气"我凭什么要这样做！"？我们会感受到爱的温暖，认为"爸爸妈妈是因为爱我才这样呀"，还是会感到难过，因为"爸爸妈妈根本不理解我的心情"？

比较、强迫与威胁、指示与命令会让孩子心中产生羞耻感、罪恶感、恐惧感等负面情绪。这些负面情绪会消耗自身的能量，让人失去欲望，令人无法继续学习新的事物，当然也就很难引发积极的变化。如果孩子对父母的这些话表现出乖乖顺从，那么这并不是因为孩子真的认可父母的话，而是因为孩子不想"继续挨训"。也就是说，孩子的顺从并不是出于想要得到什么的"接近动机"，而是出于回避讨厌事物的"回避动机"。

如果孩子不做某种行为，是出于害怕、羞耻、罪恶感、不想挨骂，那么只要父母不在场，孩子就会再次做出这种行为。而且，只有父母每次训斥孩子的强度逐渐提高，才能保证训斥的作用一直维持。那么，这场双方的博弈到最后还剩下什么呢：在父母眼中，孩子"怎么也不肯听话"；而对于孩子来说，妈妈"每天只会生气"。

人类在什么情况下会做出改变？人们会在某些言谈举止的牵引下，心甘情愿地选择做出"更好的举动"，是在听到"你再不听话，我就让警察叔叔来教训你"这类话时，还是听到"我很担心你，你以后能不能试着改变一下自己呢？"这类话时？是在听到"我都说过了不许这么做！要我说几遍你才肯听？"这类话时，还是在听到"其实你也希望自己表现好，但是没做到，心里一定很难过吧？妈妈能帮你做点什么？"这类话时？你觉得，孩子在听到父母说"你到底是因为像谁才总是这样，真是的。现在我也不想管你了！"，还是"我们一起找找其他方法吧。一定会有更好的办法的！"，哪句话更会让孩子全心全意做出改变呢？

当人们受到信赖和鼓励，被爱与被尊重，得到认可和支持，被共情、被倾听时会敞开心扉。无论男女老少、地位高低都是如此。而且，只有敞开心扉，才能进行发展性／渐进性的沟通。外界单方面的强迫、支使与威胁带来的变化只是暂时的、流于表面的、暴力性的。只有当自己渴望做出改变、认为自己需要改变、主动地选择做出改变，这种变化才是长久持续的、稳定的。

至此，比起纠正孩子行为的"方法"，其实纠正者也就是父母的"观念"更加重要。如果你的观念与下面所

妈妈可以生气

示的父母相同，那么无论你采用多么优秀的方式或手段，都很难引导孩子做出改变。这无异于从最开始就预示了失败的结局。

- 反正跟孩子说了，孩子也不会听。
- 孩子天生就是攻击性很强的那种人。
- 孩子的习性很难改。
- 只要能让孩子改正错误行为，动手打也无所谓。

反之，如果你是持这种观念的父母，又会怎样呢？

- 孩子做出这种行为，一定是有什么隐情。
- 不能因为孩子做出不好的行为，就认定他 / 她是坏孩子。
- 孩子的可塑性很强，是可以改变的。
- 为了让孩子改正错误行为，多花点时间也没关系，这是值得的。

1974 年，位于加拿大安大略省的小城埃尔米拉发生的事件为我们提供了一种新的、对待问题青少年的方法。两个十八岁的少年在和朋友一起喝酒时被警察逮了个正着。警察要去两个少年的家里，要求他们带路，而他们不仅中途逃走，还因为心情很糟糕而犯下恶行。从凌晨三点到五点，不过两个小时，他们用刀子弄坏了24辆轿车，并闯入22户人家，砸烂他们的栅栏，打碎他们的窗户，还破坏了十字路口的红绿灯和交通指挥台等公共设施。仅几个小时，他们就让全城的人陷入恐慌。

根据法律规定，他们应当被拘留并受到处罚。然而，负责两名少年缓刑犯监督官马克·扬茨（Mark Yantzi）对于这种处理方式提出了质疑。因为对两名少年予以处罚，既不能赔偿受害者的经济损失和精神损失，也不能保证两名少年以后不会再犯下同样的罪行。在得到大法官的允许后，马克安排了两名少年与受害者们见面，让他们亲耳听到受害者们的诉说。

在意识到自己一时冲动犯下的罪行为他人带来了多么深刻的恐惧后，两名少年发自内心地进行反省，并请求受害者的原谅。之后，他们通过志愿服务和现金赔偿等方式，对受害者作出了实质性的补偿。

通过这种方式，被害者们的损失得到了赔偿，而两名青年作为加害者，也进行了深刻反省，并学会了为自己的行为负责。从"犯错必须受罚"到"应当反省自己的错误并为之负责"，从"重视处罚"到"重视恢复与解决"，这种观念的转变也改变了两名少年的人生。于是，这一事件开启了"恢复性正义"①的发展之路。

妈妈可以生气

我们对以上观点进行整理，可以得到以下教育模式供你参考。

1. 读懂孩子的内心

如果孩子一有事不顺心就发脾气，那么我们需要读懂孩子想要的"心"是什么。当我们读懂了孩子的心，孩子自然就会愿意向我们打开双耳。因为我们理解孩子的心情，而孩子对于理解自己的人，愿意听进他们所说的话。

·原来你是因为不小心碰到了桌子，感到很痛，所以才这么发脾气啊。

·原来你是因为想和朋友一起玩，但是朋友却不想和你一起玩，所以你才这么生气啊。

2. 为孩子做示范

亲身向孩子展示表达愤怒的方式，或是平复情绪的方法。

·生气的时候就做一做深呼吸，马上就不生气了。

·生气的时候可以用冷水洗脸，这会帮助你平静下来。

---

① 恢复性正义不同于依靠司法和国家机器执行的惩罚性正义，它以受害者与加害者的需求为核心，让当事双方达成补偿性的和解，进而修复当事双方与社群、社会之间的关系网络，恢复个人、社群和社会的三维和平状态。——译者注

·你刚才生气的时候不应该这么大喊大叫，而是应该直接说出来："妈妈，我现在很生气。"

3. 直接付诸行动

实践出真知。只有直接上手尝试，才能真正学会。因此，不如让孩子当场尝试一下你教给他 / 她的表达愤怒的方式或平复情绪的方法。

·来，让我们一起试着做一下深呼吸吧。

·你去用冷水洗脸试试看。

·xxx，你要不要试着说一遍"我现在很生气"？

4. 交流感受

这样做是为了检验刚才尝试过的方法是否有效果。如果孩子觉得并没有什么帮助，那么你需要寻找其他方法；如果孩子觉得有帮助，那么你可以夸奖孩子积极做出新的尝试的行为。到了下次孩子发脾气时，你可以让孩子继续尝试这一方法。

·亲身尝试后，感觉怎么样？

·效果怎么样？不行的话我们就试一试其他方法？

·下次再感到生气时，你就用这个方法吧。

当我们想要教给孩子某种新的行为时，"提问"是个不错的方式。提问能够促进孩子"思考"。如果父母通过提出好问题让孩子自己思索答案，而不是直接告诉孩子答案，孩子就会给出令你意外而新颖多样的回答。当然，孩子给出的回答有时也会不切实际、过于幼稚，但是通过提问的方式让孩子自己去探索贴合实际的、你所希望得到的答案，没有比这更棒的方式了。另外，如果答案是孩子经过独自探索得到的，那么孩子也会更加愿意践行它、将它付诸行动。毕竟，孩子自己才是主宰自己行为的人。

比如，当孩子抢夺其他小朋友的玩具时，大部分父母都会戳着孩子的脑袋提醒道："赶快道歉，跟小朋友说'对不起'。"虽然我们需要教给孩子应当敢于承认自己的错误，但是孩子被戳着脑袋催促出来的道歉不可能是发自内心的。这样一来，孩子被强迫道歉说"对不起"后，又会受到父母的斥责："道歉的时候真诚一点！"如果父母希望孩子发自内心地道歉，那就不应该用强迫的方式，而是应该让孩子自己意识到错误。那么，反省就显得十分重要。

· 你冲着其他小朋友大吼，把小朋友都吼哭了。小朋友在你面前哭，你心里有没有什么感觉？

如果孩子用粗鲁的方式表达愤怒，对此父母惩罚、训斥孩子，那么孩子在行为上很难有自发的改变。面对屡教不改的孩子，父母只会感到更加失望。我们需要让孩子明白，自己发脾气会产生怎样的影响，进而自发地改变表达愤怒的方式。

《伊索寓言》里那则有名的《风与太阳》（the Wind and Sun)"①的故事想必我们都已耳熟能详。人们随时都可以做出改变，只是会暂时忘记这种改变需要自发形成。那么，我们的孩子们在什么时候更容易听进我们的话呢？让我们带着这一问题，好好地观察一下孩子们吧。要知道，父母才是对孩子影响最大的人，也是最了解自己孩子的人。

———————

① 这则寓言的内容为：风和太阳两方为谁的能量大相互争论不休。突然，他们看到一个行人走在路上，太阳说："谁能使行人脱下衣服，谁就更强大。"太阳藏在乌云后面，而风开始拼命地吹。可是，风刮得越猛烈，行人越是裹紧自己的衣服。这时，太阳出来了，暖暖地晒着行人，行人感到很热，很快就把外套脱了下来。故事的寓意是，劝说往往比强迫更有效，用温和的方式更容易达到目的。——译者注

妈妈可以生气

第四章

生气居然可以预防？

[⌣] [~] [◡]

疲惫的时候更容易生气
→ 事后收拾残局，不如事先预防

　　柳夏是三个孩子的妈妈。最近，由于经济不景气，丈夫的生意不太顺利。为了不让丈夫分心，柳夏包揽了照顾三个孩子的任务。由于三个孩子还没到上学的年龄，柳夏需要每天在家里照顾他们，常常自己还没回过神，一天就结束了。这期间，冲孩子们大发脾气成了家常便饭。虽然这种方式有些粗暴，但是柳夏只盼望着能够尽快结束糟心的现状。

　　柳夏尤其爱在晚上发脾气，因为这正是她身心都已疲惫不堪的时刻。喂三个孩子吃饭时，她会在心中一遍遍告诉自己要忍耐，可是如果孩子发生吵闹，她的耐性和自制力就会瞬间蒸发，开始冲孩子大喊大叫。一旦进入发怒状态，她就会口不择言，无暇注意什么话能说、什么话不能说，甚至还频繁地抡起棍棒体罚孩子。等到把孩子哄睡、自己回过神来，又开始对自己的所作所为感到后悔：

"我对小宝贝们都做了什么啊？"

开始生气后再想拼命抑制自己的怒火，就如同试图阻止已经燃起的山火迅速蔓延一样，难上加难。可是，引发可怖山火的，只是一个小小的烟头。如果不随手乱丢烟头，我们就能预防山火的发生；同样的道理，要想预防自己发脾气，就得从规整自己的生活习惯做起。做好预防非常重要。预防并不是指在已经生气的状态下压抑自己的情绪，而是让自己从一开始就没机会生气。接下来，我将介绍几种能够预防生气的生活习惯。

1. 吃饭，睡觉，休息

妈妈们为了照顾年幼的孩子，经常睡不了完整的觉，没时间吃饭，每天踮着脚追在孩子身后跑。因此，每天按时吃上有质量的饭、一觉睡到天亮、坐在沙发上悠闲地放松就显得十分奢侈。至于锻炼身体，更是想都不敢想，只是照顾孩子就已经让妈妈们精疲力尽，哪里还有多余的力气锻炼？

我们感到饥饿时，神经就会绷紧。我们睡不好觉时，就会感到疲惫，精神变得更加敏感。不停地忙碌、不停

妈妈可以生气

地追在孩子身后，到头来我们难免精疲力尽，而这些都是容易令我们生气的导火索。

我们的情绪与身体是密切相关的。当身体未能得到很好的放松，或是身体的需求未能得到满足时，我们就很容易感到心累。最基本的需求都得不到满足的情况下还希望自己不发脾气，这无异于自己不学习还期待能取得好成绩、自己花钱如流水还指望能存钱。

那么，我们该怎么办呢？按时吃饭，不让自己饿肚子；每天至少完整地睡五个小时；当身体感到疲劳时马上去休息。虽然每个人的体力情况不同，但是做到这三点就已足够。如果你独自一人无法做到这三点，那么你可以寻求帮助。比如，从外面买饭回家也好，买台洗碗机也好，把哄孩子睡觉的任务交给丈夫去做也好。当你肩上的担子变轻，发脾气的次数自然而然会减少。

2. 理解自己的细微情绪

情绪时时刻刻伴随着我们，即使我们并未注意到它们的存在。不仅如此，情绪还一直影响着我们的言谈举止。而且，我们越是回避自己的情绪，情绪对我们产生的影响越大。我们那些未被理解的负面情绪最终会发展成为愤怒，攻击对方；或是发展成抑郁，攻击我们自己。与此同时，我们的身体也会出现各种难受的症状，这是因为受到压抑的情绪阻碍了身体的血液循环。比起速食食品和过劳工作，情绪压抑对我们的健康有着更严重的威胁。

我们的情绪之所以被压抑，是因为我们与自己的情绪并不亲近。情绪一旦受到压抑，就会不知不觉长成一个怪物，反噬我们自身。如果我们平时对于自己会出现什么情绪、为什么会出现这种情绪一无所知，那么我们很容易遭受情绪的攻击。我们都知道，有些人会好端端地突然发火。其实，他们并没有"好端端"，只是他们的情绪一直受到压抑，没有表现出来罢了。因此，平时哪怕十分微小的情绪，我们也应当注意捕捉，并且弄清楚这是何种情绪、这种情绪为什么产生、自己希望如何应对这种情绪。只有这样，我们才能避免自己被情绪操控。

我们可以把"情绪观察"当作每一天结束时的小小仪式。

①找出自己一天当中情绪感受最为强烈的那一刻。

②为这一情绪命名。比如像"感到无聊""头皮发紧""心脏怦怦跳""心里很烦躁"等，将身体和内心出现的情绪反应用语言表述出来。

③当情绪有了名字后，我们可以找一找是什么激发了这一情绪。是因为孩子吃一顿饭足足花了一个多小时，

妈妈可以生气

还是因为丈夫提议和公公婆婆一起过暑假，抑或是因为体检结果有些异常，需要进一步的检查。总而言之，找出引发情绪的具体事件或具体的某个人。

④最后一步，寻找解决办法。你可以思考针对这件事的解决对策，或是可行的预防方案，或是再次遇见同样的情况，你希望以怎样不同的方式去处理。

你可以问自己："我现在感觉开心吗？""我今天的情绪如何？"你最多只需要 5 分钟，就能回答自己的这些问题。这样的对话虽然简短，但是却能促进我们的自我理解和自我共情，从而阻止自己产生"未知的愤怒"。

3. 不勉强自己做不愿意的事

我们受到不公正的待遇，或是遭受无理的要求时，愤怒的情绪就会出现。尤其是明知道事情不公正、明知道对方不讲理，却无法拒绝、只能勉强去做时，我们心里就会感到分外委屈。这种委屈的情绪实际上混合着愤怒和难过。愤怒是因为对方的要求不合理，难过是因为自己无法拒绝，最终，愤怒与难过叠加产生的情绪就是委屈。我们之所以难以拒绝对方的要求，往往是因为我们担心伤害到对方。还有一个原因是，我们担心拒绝对方会影响自己与对方的关系。尤其对于来自上司、父母等上级或长辈的要求，更是如此。因为在我们的文化中，礼貌与顺从是一种美德，拒绝则很容易被视为骄傲自大、目无尊长的表现。

可是，为了不伤害对方，为了和对方维持良好的关系，我们就要勉强自己做不愿意的事情吗？

一位参加过训练营课程的妈妈说，自己因为婆婆频繁地打电话、登门而倍感压力，为此她不得不学会拒绝。尽管她理解婆婆上门是因为想看看孙子孙女，想帮辛苦工作的儿子儿媳减轻负担，可是婆婆每隔两三天就突然造访，她实在受不了。这位妈妈在纸上写下了这样的句子：

· 婆婆，我可能有时候不在家，所以您来之前一定要给我打电话。

· 婆婆，我现在正在喂奶，不方便出去。给公公准备的饭就麻烦您捎过去吧，抱歉。

· 婆婆，晚上 8 点以后我在哄孩子睡觉，不方便接电话。要打电话尽量在 8 点以前吧。

为了在不伤害婆媳关系的同时守住自己的边界，她在纸上写下了这几句话，并张嘴练习，终于鼓起勇气说给婆婆听，提前制止了令自己愤怒的事情的发生。

不要勉强自己做不愿意的事情，不要折磨自己。只做自己愿意为之付出的事情就好，没有人能够要求你做出牺牲。就算真的有人这样要求，我们也有拒绝的权利。比起"牺牲"，我认为"热爱"更加合适，只有热爱，才会开开心心地去做。

4. 打理好自己的"心田"

经常生气的人，其内心也充斥着诸如恐惧、担忧、伤心、绝望等众多负面情绪。如果打翻咖啡杯，洒出的就是咖啡；如果打翻果汁杯，洒出的就是果汁。同样的道理，如果我们内心充斥的是负面情绪，那么当我们受到刺激时，喷薄而出的也只会是负面情绪。反之，如果我们内心充盈的是幸福而积极的情绪，那么面对一般的刺激，我们也不会做出生气的反应。

那么，如何让内心充盈积极的情绪呢？

著名的积极心理学家索尼娅·柳波莫斯基（Sonja Lyubomirsky）认为，百分之五十的快乐由基因决定，百分之十的快乐由生活现状（婚姻生活满意度、是否有工作或宗教信仰、经济状况或子女情况等）决定，而百分之四十则取决于我们自己的行动。尽管基因和生活现状很难改变，但是我们却可以改变自己的行动，而且我们的行动也极大地影响着我们的快乐程度。如果我们有意去做一些令自己感到快乐的事，那么我们心中就会产生更多积极的情绪，我们的内心也会更加清澈、明亮。我们无须刻意驱逐黑暗。因为一旦光亮出现，黑暗自然就会消散。

积极心理学认为的幸福五要素是：积极的情绪、投入、人际关系、意义和成就。请你回答下列问题，并寻找能够让自己变得更加快乐的事情。

- 积极的情绪：你在做什么事情时会心情很好？
- 投入：什么事情能让你专心致志，忘记时间的流逝？
- 人际关系：你愿意多花时间和谁待在一起？
- 意义：什么事情能够让你的人生更有价值？
- 成就：你想达成的目标是什么？

你给出的答案中，哪件事情对你来说最有吸引力？你可以在一天之中尝试抽出时间做这件事，并且将它安排在一众待办事项的优先位置。就我而言，我规定自己起床后做的第一件事是阅读和写作。因为阅读和写作能够让我投入其中，让我度过富有意义的一天。如果偶尔几天漏掉未做，我马上就会产生各种不适。我的思考会变得散漫、中心不明确，整个人很容易感到烦躁。良好的行动转化为习惯需要一些时间，你可以从小事做起，并允许自己试错。

我们其实并不了解自己的情绪
→ 用生气日记观察自己的情绪

　　情绪会驱动我们的躯体，诱发我们的行为，甚至还会影响我们的人际关系甚至整个人生。尽管情绪如此重要，我们却由于无法直接看到情绪的存在而常常忘记情绪的重要性，容易忽视自己的情绪。据说，人每天的想法多达六万个，可是其中有多少是反映我们自己真实情绪的呢？

　　我们难以洞悉自己的情绪，是因为难以理清自己的想法。既然如此，我们可以尝试将自己的想法表达出来。如果用文字或话语进行表达，情绪本身就会变得更加清晰明了。考虑到话语表达需要倾听对象，而且会受时间和地点的限制，所以在这里，我想介绍几种方式，教大家如何用文字表达情绪。

12 月 18 日

·**事件**：早上 8 点，丈夫明明看到我在给孩子喂辅食，却还是闭眼继续睡着了。

·**情绪**：伤心，失望

·**想法**：我希望丈夫能和我一起给孩子喂辅食，这样我们就能拥有一小会儿三口之家的温馨时刻。可是丈夫却重新躺下睡觉，好像对这件事并不怎么关心的样子。

·**需求**：我希望当我在做什么事时，丈夫能够关心一下我在做什么。我希望上班前，能够和丈夫、孩子一起相处一会儿。

12 月 21 日

·**事件**：丈夫很晚才下班。

·**情绪**：不爽，在意，惋惜

·**想法**：丈夫总是很晚下班，今天下班回家的时间比平时更晚。丈夫总是这么晚回家，连看孩子一眼的时间都没有。

·**需求**：希望孩子睡觉前可以看一看爸爸，哪怕只有一小会儿。如果丈夫晚上六七点就能下班回家，那么我们就会多出许多相处的时间，也能早早睡觉，就不会感到如此疲惫了。

这是秀美接受私人训练时写下的一部分"生气日记"的内容。秀美希望能够改善自己的坏脾气，调节自己的情绪，为此她专门申请了一次私人训练。起初，秀美觉得写生气日记很难。她一时无法习惯于将目光从丈夫和孩子身上转移到自己的情绪上，也很难察觉到自己的情绪。然而，对她来说最难的，是如何书写"需求"这一部分。秀美曾这样坦白道：

"我们存在着如此多样的情绪，可是这么久以来，我却觉得自己的大部分情绪都是简单的、彼此差不多的。我甚至分不清楚自己所感受到的究竟是什么情绪。"

然而，在尝试写生气日记后，秀美很快就能察觉到自己的情绪，并且能够轻松地挖掘情绪背后的需求。不仅如此，秀美还发现了自己的生气模式：对丈夫怀有期待→期待未能得到满足从而感到失望、伤心→生气、发脾气。

"我的这个需求似乎特别强烈，那就是我希望我爱的人能够一直关心我，陪伴我，抚平我心中的孤单。"

最初，秀美在丈夫和孩子身上寻找自己生气的原因；现在，秀美从自己身上找到了自己一直以来的需求模式。这不得不说是一个惊人的进步。

一般来说，我们都有自己的生气模式：在怎样的刺激下会生气，以及应对生气的方式。这些令自己生气的刺激是相似的，自己应对生气的方式也是相似的。然而，有趣的是，我们自己难以察觉到这种生气模式。尽管我们的生气模式在他人看来再清晰不过，可是"当局者迷"，我们自己对此却一无所知。

我们身边想必有一两个这样的人，他们会一边高声发脾气，一边说："我什么时候发脾气了？！"尽管坚持记录并非易事，但是记录生气日记超过3周的妈妈们都异口同声说道：

"多亏了生气日记，我找到了自己的生气模式！"

如果心绪实在太过杂乱，无法按照这个格式记录生气日记，那么你可以试试其他方法。比如跟随自己意识流动进行记录的"秘密生气日记"。写秘密生气日记时，想在哪里写就在哪里写，想到什么就写什么。这一方法参考了朱莉娅·卡梅伦（Julia Cameron）为帮助内容创作者们恢复创作激情而设计的"清晨写作（morning page）"的形式，当你难以厘清自己的思绪、难以集中精神时，这是个不错的方法。

请你翻开笔记本。这是不对他人开放的，只有你自己能看的秘密笔记本。然后，拿起笔，将注意力集中于你执笔的手，让它跟随你的想法流动而记录笔记。哪怕有错别字也无妨，哪怕写出的语句并不通顺也无妨，哪怕只有半个句子也无妨，照实写下就好。当你的心中萌生欲望，那就写下你的欲望；当你的脑海中并无想法，那就写下"我没什么想法"；当你执笔的手暂停了记录，那就写下"手暂停了记录"；当你的手跟不上想法变换的速度，那你就写下"想法转得太快了"。

重要的是，不要以"批判者"的视角去评价自己的想法与情绪。我们只要将此时此刻所生发的内心活动如实记录下来就好。尽管"清晨写作"要求早晨睁开眼睛后马上在纸上写下三页文章，但是我们并不是从事创意性工作的内容创作者，所以对写作的内容量不作要求，一直写到我们内心感到平静为止即可。

秘密生气日记是我们宣泄情绪的一个出口。在这里，你可以尽情地倾诉自己内心的情绪，直到情绪全部清空，你就可以合上笔记本了。等到下次想起时，你可以把笔记本重新拿出来，读一读自己曾经写过的内容，了解你自己。这时，你会产生诸如"原来我当时这么辛苦""原来我是因为这件事发脾气"的想法。这就像是我们在善于倾听的朋友面前尽情倾诉后，感觉一切豁然开朗一样。我们有了察觉自己的力量。而且，我们与自己建立更深入的联结后，也会轻松地找到切合个人实际情况的解决方案。

在这个世界上，与我们对话最多的人其实是我们自己。你有多了解自己的情绪呢？你知道自己与自己在进行着怎样的对话吗？你在认真倾听对话、与自己共情吗？自我共情是表达情绪的第一步。对于难以自我共情的人来说，生气日记是一个行之有效的工具。因为我们只有了解自己的情绪，才能更好地表达自己的情绪。我们越是了解自己的情绪，越是能够自我共情，就越能实现内心的平静。

妈妈可以生气

对的就是对的，这也要吵?
→ 先想一想，这件事真的是"对"的吗?

我有一个朋友是精神科医生，他曾对我讲过自己与妻子之间发生过的一次争吵。有一天，还在上小学的儿子突然发烧，他们夫妻二人对于是否应该照常送孩子上学产生了分歧。妻子想让孩子在家休息一天，而身为丈夫的他却认为孩子即使发烧也不应该耽误上学：

"不能因为身体有一点不舒服就不去学校，这样会形成习惯的。"

妻子也并不退让：

"你在说什么话啊? 生病了就应该休息。孩子都这样了，就算去了学校也会早退的。"

面对讲话咄咄逼人的妻子，他感到非常生气，于是大发了一通脾气后就去上班了。

"唉，你们爱怎么样就怎么样吧! 以后就知道不听医

157

第四章 生气居然可以预防?

生的话会有什么后果了！"

这场关于"孩子生病也应该去上学"和"孩子生病应该好好休息"的剑拔弩张的对决就此暂时告一段落。

我们的内心都有自己所坚信的想法，觉得某件事是"理所当然应该做的"。父母应该怎样做，女性应该怎样做，职场人士应该怎样做，上司应该怎样做，儿媳妇应该怎样做，学生应该怎样做……对于这些问题，我们每个人心中都各有想法。不仅如此，还有像前文案例中的那样，生病时应该怎么做，钱应该怎么花，话应该怎么说……方方面面，我们都有各自的观念。然而，世界上的许多矛盾正是由深深扎根于每个人心中的不同观念发生碰撞而导致的。

- 父母应该宽容地接纳孩子 vs 父母应该严厉地教育孩子

- 女性应该温柔一点 vs 性别不重要，活出自己的样子就好

- 拿这么多工资应该多干点活 vs 就算对公司尽职尽责，也没有人会认可我

- 上司应该懂得团结员工 vs 上司应该能力优秀

- 钱应该省着点花 vs 钱应该想花就花

- 讲话应该小心谨慎 vs 讲话应该直言不讳

- 过程更重要 vs 结果更重要

- 自己想做的事更重要 vs 责任更重要

当然，除了这些处于两极的明确对立的观念之外，两极之间还存在许许多多不同的观念。如果你问 100 个人的花钱观念，那么你可能会得到 100 种不同的回答。

观念就像有色眼镜。如果我们戴上红色镜片的眼镜，所看的一切都是红色的；如果我们戴上蓝色镜片的眼镜，那么所看到的一切就会是蓝色的。同样的道理，我们也在透过观念这个有色镜片看待世界、进行判断。如果眼镜戴的时间长了，我们就会习惯于镜片折射出的世界，而镜片也会融为身体的一部分，一旦不戴就会浑身难受。

妈妈认为应当宽容地接纳孩子，而爸爸认为应该严厉地教育孩子。为此，二人总是在孩子的教育问题上发生争吵。如果孩子在路上摔倒，妈妈会抱着孩子"呼呼"地吹气，而爸爸会教训孩子："早就让你走路时好好看路，怎么这么不小心？"丈夫认为钱应该省着点花，而妻子则认为钱想花就花，因此每当妻子又花钱买东西回家时，夫妻二人就会发生争吵。丈夫大发脾气："为什么买了这个回来？这东西根本用不上，你买回来干什么？你怎么搞的，花钱这么大手大脚？你以为钱是从天上掉的吗？"而妻子则会反驳说："我就不能买个我喜欢的东西吗？我花我自己的钱，轮得着你说什么？你怎么这么小心眼？！"

请你在下列横线上填写内容，将句子补充完整。注意，请填写自己下意识想到的句子。

妈妈应该 _____。

爸爸应该 _____。

父母应该 _____。

子女应该 _____。

儿媳妇应该 _____。

公公婆婆应该 _____。

家务事应该 _____。

钱应该 _____。

我们的观念并不仅是面向外界，也作用于我们自己。

有一次，我和妈妈们在工作室里填写"我应该____"。一起参与这项活动的珍善这样说道：

"我脑海中首先浮现的句子是'我应该做好所有的事情'。因为我从小就是在这种观念的影响下长大的。我常常有这种想法：我不可以犯错，我不可以处理不好自己的事情。在抚养孩子上，我也是这样想的。我无法接受在我看来不可理喻的行为。所以，当孩子做出让我无法理解的行为时，我甚至会查找论文。为什么孩子只睡这么点时间？当我产生这样的疑问时，我就会把所有的相关书籍翻看一遍。"

起初，我们戴上眼镜只是出于一种需要：看得更清楚。观念也是如此。我们最初接受某种观念是出于我们生活的需要。珍善的观念来自父母口中听到过无数遍、从父母眼神中感受到无数遍的期待。为了满足父母的期待，为了成为父母认可的乖女儿，珍善接受了"我应该做好所有的事情"这种观念，并且，由于时间已经太久，这种观念早就融为珍善内心的一部分。然后，珍善不知不觉地将自己囚禁于这种观念之中。

比如说，如果父母常年生病或是有其他我们无法向父母撒娇的原因，那么在这种环境下成长起来的孩子就会经常产生"我要变得强大，再苦再累我也不能哭"的想法。如果没有这种想法的支撑，孩子就会怨恨父母对自己放任不管。"不能哭"，其实是支撑孩子度过艰难岁月的动力。

然而，如果当情况有所改善，而孩子还持有这一观念，又会变得如何呢？即使需要帮助也不愿开口求助他人，哪怕悲伤到极点也不哭出来，孩子最终会成为情感失能者。甚至当其他人向自己倾诉过得多么辛苦时，他们也很难共情对方的感受："我当时那么艰难都坚持下来了，你怎么就这么懦弱？"

当我们的视力发生变化后，就需要重新配一副眼镜；同样的道理，当情况已有所不同，我们也需要转变一下之前的观念。当我们与他人的观念发生激烈冲突时，当现实发展不尽如人意时，这其实是一个信号，提醒我们检视自己的观念是否已不适配。

珍善自从发现了自己的这一观念后，内心变得放松了许多。"我意识到'做好所有的事'这一观念一直以来在伤害自己后，整个人变得放松了。我告诉自己'不用必须这么做'，让自己松弛了下来。"

让我们重新回到本文开头提到的精神科医生的故事。那位医生冲妻子发完脾气上班后，在接诊期间，早晨的事情仍在脑海中挥之不去。他已经不怎么生妻子的气了，但是他不理解为什么自己那么坚持要送生病的孩子去上学。站在医生的立场来看，当孩子有感冒、发烧的征兆时最好多休息，那么自己为什么固执地认为即使生病也要去学校呢？

经过一番冥思苦想，他找到了答案。他对孩子所说的话，其实正是小时候父亲对自己说过的话。父亲非常看重诚实、忍耐的品质，因此经常耳提面命地教育他即使身体生病、精神脆弱也要把应做的事情做好，而父亲的这一教诲深深刻在他的心底，以至于他也对孩子说出了和父亲一样的话。

让我们重新看自己之前在横线上填写的内容，并认真思考：你所认为理所应当的事情，真的理所应当吗？你为什么认为这件事理所应当呢？有什么依据吗？你这样认为的根源来自何处？那些与你意见相左的人，他们的依据又是什么？你是否有过这样的体会，他们的观点或许才是正确的？

世界上或许并没有什么事情是理所应当的。就像人们曾经理所应当地认为地球是平的，然而这一观点已经被证实是错误的；就像旧社会理所应当地认为女性应该顺从于男性，然而最近几十年以来，这一观念正在崩塌。身处不断变化的世界之中，我们的想法也在发生变化。那么，你一直以来所坚信的观念，能够跟得上世界变化的脚步吗？

⌐·⌐ 每次看到我妈的生活，我都快窒息了
⌐〜⌐ → 她的生活是她的，你的生活是你的

　　银希是三个孩子的妈妈，最近她越来越觉得自己的母亲过得不好。家庭聚会时，大男子主义的父亲依然是从前那副颐指气使的模样，母亲也依然在小心翼翼地努力顺从父亲。看到母亲的样子，她感到心头的怒火熊熊燃烧。因为住得离娘家不远，又不能假装看不到，所以更加生气。她已经对向来专制的父亲没什么感情了，但是每每看到围在父亲身边辛苦忙碌的母亲，心里真的很不是滋味。被内心无处发泄的愤怒苦苦折磨许久后，她来到了生气训练营，决定直面自己的愤怒。

　　· 最令你感到生气的人是谁？

　　· 他 / 她做了什么，令你这么生气？

妈妈可以生气

· 你对他 / 她的这一看法有什么依据吗？

· 当你产生这样的想法时，你会表现出怎样的言行？

· 假如你放下对他 / 她的看法，会有什么益处？

· 如果这一看法并不存在，那么他 / 她在你看来是什么样的人？

享誉世界的心灵导师拜伦·凯蒂（Byron Katie）曾提出过"功课四问"[①]。我以此为基础进行适当改变，得到了以上这些问题。我与银希之间的对话可以简化为下列这张表格：

令我感到生气的人	娘家母亲
我的想法	母亲应该活得更自由
我产生该想法的依据	母亲被拘束得太紧，没有自己的人生
该想法的影响	唠叨母亲，一看到母亲就会叹气

---

① 功课四问：即"这是真的吗？（Is it ture?）""你能确定这是真的吗？（Can you absolutely know that it's ture?）""当你相信这一想法时，会发生什么？（What happens when you believe the thought?）""如果没有这一想法，你会成为怎样的人？（Who would you be without the thought?）"四个问题。

第四章 生气居然可以预防？

如果该想法不存在（1）	我会内心更加放松，会和母亲共同尝试做一些有趣的事情
如果该想法不存在（2）	我会产生疑问，明知道这样很辛苦，妈妈为什么还要这样生活呢？而且我第一次产生这样的想法：不离婚、继续这样的生活是不是对妈妈也有好处呢？

银希从小就讨厌父亲，因此她常常对母亲说："别管我们了，快和他离婚吧。"等到自己结婚有了孩子后，她更加体会到母亲一直以来是多么辛苦而疲惫。所以银希更加强烈地要求母亲："别担心养老的事，快和他离婚吧！"

每次看到母亲，银希都会心中郁闷，替母亲感到不值。她有生以来第一次产生好奇：为什么母亲选择了这样的生活？她第一次开始思考："母亲真正想要的是什么呢？"

母亲的生活是谁选择的呢？哪怕再难熬，哪怕心中再害怕、再没有底气，也要和糟心的丈夫一起生活一辈子，这是母亲自己做出的选择。银希无法改变母亲的选择，也无法强迫母亲改变。因为母亲有权利选择自己的生活，而且在选择这一种生活时，她也有自己的考量。当然，我们可以建议他人做出不一样的选择，至于我们的建议是被接受还是被拒绝，选择权仍然在对方手里。

我们总是爱管闲事。我们喜欢干涉别人的事情，依照自己的喜好对别人的生活指手画脚，以自己的标准夸赞或指责他人。不仅是对自己的母亲，我们对于孩子所做的选择、丈夫所做的选择、朋友所做的选择，都喜欢横插一脚、说三道四提建议。如果对方没有采纳我们的建议，我们就会气得火冒三丈。而且，越是对关系亲密的人，越会如此。这是因为我们对对方采取的是一种强迫的姿态。"我是对的"这种想法其实很危险，因为我也有可能是错的，对方也有可能是对的。

下一阶段就是改换表达方式。"母亲应该活得更自由"这句话可以改换为下列几个句子。

改换主语	我应该活得更自由。→把焦点从对方转换到自己身上
改换主语和状语①	为了让母亲活得更自由，我也要活得更自由。→以身作则，从自己做起
改换谓语动词	母亲不应该活得更自由。→我能接受与自己持相反观点的人吗？

① 这里原文是"宾语"，但是由于韩语与汉语语法结构不同，译文实际发生的变化是增加了状语部分，因此此处译为"状语"。——译者注

当我们以命令、要求的语气和对方讲话时，随着次数的增加，语气就会变得更强势，当对方不接受我们的要求时我们就会生气，而我们更有可能将此视为自己的价值观。如果我们看重踏实本分的品质，就会讨厌不踏实本分的人；如果我们喜欢挑战，就会对追求安稳的人指指点点，认为他们太"懒惰"；如果我们重视礼貌，就会对不拘小节的人皱起眉头。我们会用自己重视的价值观来要求别人也这么做。然而，如果我们的行为过分强调"价值观"，成为一种"强迫"，那我们就会与拥有不同价值观的人划清界限，然后指责他们。我们之所以这样做，是因为我们错误地认为，自己所看重的价值观才是那个"正确答案"。

价值观仅是我们个人的喜好和选择，并不是什么正确答案。也许我们看重家人，但是或许对方看重的却是成功与否。人人心中都有一套自己的价值观。不存在谁的价值观比谁的价值观更优越。因此，他人当然有权利根据自己的价值观做出相应的选择。

· 让你多吃青菜是为你好。你知道我为了让你多吃青菜，做饭有多辛苦吗？

· 你这么唯唯诺诺怎么能交到朋友？理直气壮地讲话，

妈妈可以生气

不卑不亢地讲话，啊！

· 让你认真读书难道是为了我？还不是为了你自己的未来！

· 你不想考大学了吗？不是吧？所以这次考试成绩一定要有进步，听到了吗？

· 别废话了，考上大学前给我往死里学。想做什么事等上了大学再说。以后你会感谢我的。

上面这些句子，虽然口口声声都是"为了你好"，但是并没有体现出"你"的价值观。"你"再怎么不情愿，也必须"听我的话"。如果这些"为了你好"的建议全都正确的话，那么全国上下的孩子们一定会生活得非常幸福。然而正如我们所见，现实并不是这样的。每次看到青少年的幸福指数、患抑郁症的比例、自杀率的统计数字，我们都会感到心痛又茫然。

父母一切行为的出发点都是对孩子的爱，可是孩子们为什么却感受不到幸福呢？父母付出了爱，可是为什么孩子们接收到的并不是爱，而是唠叨、干涉和强迫？这难道不是因为父母一边说着"为孩子好"一边对孩子的选择权视而不见吗？孩子再怎么不通人情世故，再怎么知识有限、人生经历不足，再怎么缺乏对未来的预测能力，他们也是能够独自思考、做出选择的，可父母却对此视若无睹。而且，父母们要知道，孩子既然能够独立做出选择，也就能够并且应该承担选择的结果。

在参加完训练营的活动后，银希决定不再纠结于"母亲的自由"，而是为"自己的自由"而努力。她说自己穿过黑暗迷茫的青春期后，在大学的音乐社团中才找到了自我。现在她才知道，最渴望自由的人，一直是她自己。曾经的她对站在舞台上发声感到恐惧，因此迷茫过，踌躇过。而现在，她决定解放自己，让心自由。即使要抚养三个孩子，她也会抽时间与其他妈妈一起演出，弹奏尤克里里；而且，她还梦想着将来能够自己写歌。她也不再出于自己内心的惋惜和郁闷而强迫母亲做什么，而是带着爱和包容，给母亲一些建议。

我们所需要的，是谦逊、勇气和智慧——接受现实无法改变的谦逊、尽自己所能去改变的勇气，以及能够区分这二者的智慧。

妈妈可以生气

老公越看越讨厌，吵架并不能解决问题
→ 越是紧盯着对方不放，越容易生气

有一次，我想拿吹风机把头发吹干，结果吹风机的电线紧紧缠在一起，怎么解也解不开。我只能一边尝试解开缠绕的电线，一边嘟囔道：

"怎么缠得这么紧？！"

几天后我打扫家里时，发现吹风机放在地板上，但是电线散落一地。于是，我一边缠着长长的电线，一边嘟囔道：

"怎么不缠起来？！"

当然，我生气的对象就是我老公，使用吹风机的"主犯"。吹风机的电线缠在一起我会生气，一点都不缠我也会生气，我对丈夫的不满就是这么矛盾。

这件事只是冰山一角。自从孩子出生后，我和丈夫之间发生过许多让人措手不及的矛盾。我希望老公能在育儿和家务上帮一帮我，也希望能和老公在育儿的话题上多多交流，可是老公总是一副很疲惫的样子。我们曾经无话不谈、兴趣相投，可不知不觉间，我们已经渐行渐远。于是，我对老公的不满越积越多。周末老公不上班，孩子嚷嚷着找爸爸，老公也只是一个劲儿地盯着手机看，要么就声称自己很累，一直呼呼大睡。看到老公这个样子，我真是忍无可忍：

- 一周都没怎么见到孩子，你一点都不想孩子吗？我们难道不是一家人吗？
- 当父亲的不应该给孩子做一个好榜样吗？怎么总是盯着手机看？太不像话了。
- 体力怎么这么差，睡了这么久还不够吗？也太弱了。
- 周末了不应该帮我分担一下吗？这样我也能稍微休息一下。怎么这么自私？
- 给孩子洗漱的方法我得教你几遍才能学会？你是不是故意不好好做？
- 你对家人漠不关心，你不爱我们。

随着这些想法在脑海中反复出现，老公在我心目中的负面形象越来越突出：明明有许多问题，却丝毫不打算改正；对应当做的事情置之不理，毫无责任感。与此

妈妈可以生气

同时，自己任劳任怨的正面形象益发凸显。我觉得自己因为老公的自私、不负责任而失去了很多，只有老公做出改变，我们这个家才会变得更幸福。随着这样的想法出现的次数越来越多，我也随之陷入生气的泥潭：因为老公不会做出改变，也不可能做出改变。

某一天，我突然产生了这样的疑问：我们明明彼此相爱，甚至有了爱的结晶，可是为什么我们的关系会变成现在这样呢？于是，我像对待参加私人训练的妈妈们那样，问了自己两个问题：

· 我未得到满足的期待是什么？
· 我的情绪因此有什么变化？

我所期待的，是老公给予的关心与帮助：我希望老公能够用充满爱意的眼神看着我，倾听我唠叨孩子琐碎的日常，倾听我诉说工作上的开心与苦恼；希望老公能够身体力行地帮我分担育儿的辛苦、家务的辛劳，在他下班后，即使有点累，也能给孩子洗个澡，或者把晾衣架上的衣服收一收；更重要的是，我希望当我抱怨自己很辛苦时，老公能够顺着我说："是的，亲爱的，我知道你很辛苦，你为我们这个家付出了很多，我心里一直很感谢你。"然而，这些希望大多落空了，于是我一次次地感到失望、难过和心灰意冷。

弄明白自己的期待和情绪时，我突然想起我和老公有孩子前的状态。那时，老公是一个不折不扣的暖男。无论我说什么，甚至我蛮横无理地发脾气时，老公都会全盘接受，并温柔地安慰我："没关系，我能理解。"当我依偎在他的怀里，内心就会柔软下来，获得力量，然后又能重新活蹦乱跳，找到前行的动力。在我们的关系当中，我负责活跃气氛，而他负责包容与接纳。我喜欢老公的怀抱，所以哪怕有了孩子，哪怕再忙再累，我也期待着老公能够一直提供"可以依靠的怀抱"。于是，这个期待就这样变成了强迫。

我们如何看待他人无非就是这样两种角度：对象与存在。我们把对方当成"对象"，那么就会认为对方"应当满足自己的标准和需求"。这时，我们会以自己的标准和判断去限定对方的角色和能力。在这种情况下，我们所看到的仅仅是对方的一部分。而如果把对方当作"存在"，那么我们看到的是这个人全部的情绪与需求、潜能与极限。即使对方无法给我们带来好处，甚至会让我们蒙受损失，我们也会尊重对方的"存在"本身。

就我而言，我在看待老公时，其实是把他当作"对象"。想明白这一点，我感到有些抱歉，老公也有辛苦疲怠的时候。我突然发现：我一直在要求从老公那里得到温暖的怀抱，自己却从没有主动抱过他，只是一味地责备他这不好那不好，不愿意做出改变。我开始好奇：老公在公司是否一切顺利？回家后看到我和孩子时心情如何？最近身体是否还好？一个人在外面有没有好好吃饭？工作压力大不大？我们有了孩子以后生活发生了巨大变化，他感觉怎么样？

而当我稍微回想一下就会发现，其实老公也和我一样，在努力适应生活的变化。现在挣钱养家的重担全都落在他一个人头上，他背负的压力更重，对于公司里的事自然就得更加上心；家里的大事小事也需要他帮着做，在家的时候也没法好好休息。他明明也在以自己的方式努力着，可是从妻子这里听到的回应并不是"谢谢你""辛苦了"，而是"你为什么只能做到这样"。不用说和朋友出去吃饭，就连参加公司的聚餐也要看妻子的脸色，到了周末也没办法看会儿手机真正放松一下。

当我站在老公的立场观察他的全部生活后，不知为何，我感到有些辛酸。

老公也和我一样，为了这个家尽了自己最大的努力；老公也和我一样，努力让这个家变得更幸福；老公也和我一样，一点一滴地学习如何养育孩子；老公也和我一样，有过不知所措的时候，有过伤心难过的时候，有过孤独的时候；老公也和我一样，需要一个可以依靠的怀抱。

我甚至一度忘记，老公在没有父母帮扶的条件下，凭一己之力来到首尔工作、扎根、组建家庭，并且尽最大努力做好自己的工作，守护好自己的家庭。他的父母爱他、信赖他，把他视为珍宝。而且他心地温暖，善良体贴。然而，为了家庭工作两不误，他变得日渐憔悴，没有人可以依靠。想到这里，我下定决心也要成为他可以依靠的怀抱。

我们总是以"对象"或者"存在"来看待他人，无论对方是孩子还是老公，是父母还是朋友，是公司的同事还是餐厅服务员或超市营业员。尽管有些人一直以对象式的目光看待他人，有些人一直以存在式的目光看待他人，但是大部分人看待他人的方式是在这两种视角中来回切换的。比如，许多妈妈都会偏爱第二个孩子，无论小宝做什么，都觉得好可爱。然而对大宝就不一样了，不管妈妈多么努力，都无法理解大宝在想什么。妈妈们对第一个孩子总是有许多期待，期待一多就难免会有失望的时候。

那么，问题来了。我们在什么情况下会以对象式的目光看待他人？什么样的人会一直以存在式的目光看待他人呢？

你或许不知道，当我们习惯把自己"对象化"，往往也倾向于将他人"对象化"。当我们一直强调自己身上特定角色的责任，就会不断鞭策自己达标。如果我们做不到，就会给自己打上"无能"的标签；若我们分不清楚情绪和需求，就做不到尊重自己；若我们无视自己的努力与辛劳，仅以结果评价自己，那么我们与自身存在的联结就会被切断，彻底以对象式的目光看待自己，进而也以对象式的目光看待他人。

我们以对象式的目光打量自己时，怎么看自己都不顺眼。我们会产生一种压迫感，必须要做点什么来达到自己的期待。在我们看来，其他人都已经功成名就，只有自己籍籍无名，被远远地甩在后面。于是我们焦急不已——自己应该更快、更努力地做点什么，才能追上别人。

然而，我们以存在式的目光看待自己时，就会放下心来。我们知道，自己一直在努力，会拍着自己的肩膀对自己说"辛苦了"，也会鼓励自己"未来会更好"。我们会给自己加油打气："我是一颗有潜力的种子，即使现在无人问津。"然后，我们就会松弛下来，更加高效地投入自己的事情当中。

我们每个人都很珍贵，我们每个人都有活着的理由，都能够为这个世界做点什么。我们每个人都有权利有资格变得更加幸福，我们每个人都在尽最大努力好好生活。谁也不能将他人当作满足自己需求的工具。我们每个人都应该摘掉自己身上的标签：角色、能力、财富、权力、性别……我们的存在本身是有价值的。

我们不应该给自己设限，将自己围于"妈妈"这一角色。我们不应该失去自己，将自身的存在埋没于"妈妈"这一角色。我们不应该强行将自己塞入完美妈妈的框架里，"妈妈就应该……"这一想法越是强烈，妈妈就越是难以感到开心。妈妈这一角色是我们人生中很重要的部分，但并不是我们的全部。存在比对象更重要。

我们需要能完全做自己的时间，哪怕每天只有一小时。在这一个小时里，做些让自己开心的事吧：像少女时代一样跟闺蜜聊天，买些喜欢的花儿做插花，给自己化一个美美的妆，在浴缸里泡一个热水澡，给自己来一杯红酒，开心地看一部剧，趴在床上看漫画书，去参加一直以来想要尝试的兴趣活动，把喜欢的音乐开到最大声并跟唱，重新拾起中断的某段经历……做任何你想做的事情。为你，为珍贵的自己而活。

消解我们的愤怒的，正是这种"感受到自己的存在"的充实感。

第五章 生气训练实战：生气时可以这样做

说了五六次都不听，怎么可能不生气?!
→ 具体表述出你希望对方怎么做

　　我是两个孩子的妈妈，兄妹俩一个五岁，一个一岁。我自从有了孩子后就下定决心，无论发生什么事情都决不体罚孩子，我也确实做到了。可是，我偶尔会有这样的困惑：冲着孩子大声发脾气和体罚孩子又有什么两样?冲孩子发脾气也很差劲吧!于是我越来越抑郁，对孩子的愧疚感越来越重，然而下一次我还是会对孩子发脾气。

　　我并不是从一开始就朝孩子发火，而是首先按照从书上学到的方法，与孩子足足沟通了五遍。

　　比如当孩子需要出门，但是却总磨磨蹭蹭时，我这样对孩子说道：

　　"xx，妈妈把衣服拿出来了，你穿上吧。"

　　"xx，时针走到 6 时我们就要出门，否则就该迟到了。所以你现在快点穿好衣服吧。"

"xx，如果你能自己把一切准备好，妈妈就能轻松一点，而且会很高兴。"

可是，不管我说几遍，孩子仍然我行我素，把我的话当成耳旁风。我的嗓门只好越来越大，直到忍无可忍，开始大发脾气。发脾气的那一瞬间，脑海中想的全都是"不能这样，快停下"，但是我根本停不下来。

在我小时候，父母的教育方式（拿孩子撒气、冲孩子发脾气、体罚孩子）给我留下了许多不好的回忆。因此，我希望自己在养育孩子时能够避免这些行为，可是不管我怎么努力，真的好难做到。

我可以温柔地对孩子讲话，但是讲了五六次还不听，怒火就怎么也压不住了。我究竟该怎么办才好？请您帮帮我。——J

许多妈妈都希望避免成为自己父母那样的人。她们希望成为孩子眼中温柔的妈妈，让孩子不受任何伤害地长大，成长为高自尊的孩子。因为她们从自己父母那里受到过伤害，而且知道那有多痛；同时，她们比谁都清楚，拥有高自尊对于人生发展与人际关系是多么地重要。

我在阅读这位妈妈来信的同时，脑海中首先浮现的想法就是：这位妈妈这么久以来一定做过许多努力。看得出来，她一定读过我写的关于生气训练相关的文章，

妈妈可以生气

也读过许许多多的育儿书籍，并且在努力学以致用。为了做到不生气，她真的已经竭尽全力了。

我看到了她的努力，也看到了她的孤独。从小受"发泄式"体罚长大的J女士在过去五年间，从来没有打过两个孩子，就算孩子不听话，她也能够温柔地对孩子讲话，说上五遍甚至六遍。不知道J女士从自己父母那里听到过几次"温柔的话"？但我可以肯定，J女士一定是一位比自己父母更慈爱、更温柔的妈妈。

她有信念，并且有行动，就凭这一点，她就真的很了不起。我知道很多妈妈也会看看书、听听讲座，但是真正能在行动上有所转变的并不多。而J女士能够改变自己的说话方式，锻炼自己的情绪调节能力，这多么值得称赞呀！我想首先对努力做出如此多改变的J女士说一声："您辛苦了！"

仔细品读来信不难发现，J女士非常爱自己的孩子。她希望自己的孩子能够在童年多多留下幸福的回忆，只要孩子过得开心、幸福，她愿意付出任何努力。J女士对孩子的爱令我感动不已。正是这份对孩子的爱，让她即使同一句话讲上五遍，她依然能够做到温柔地对待孩子。反观我周围的妈妈们，说上两三遍就开始忍不住发脾气，有的甚至从一开始就冲孩子大发雷霆。既然J女士希望自己能够做得更好，那就要看到自己长久以来付出的辛劳与取得的成果：您已经很棒了。

但 J 女士依然感到困扰，五遍六遍之后，孩子还是不听，怎么办呢？我在这里有几条建议。

人的意志力是有限的。虽然每个人可供驱使的意志力强弱程度不同，但是无论是谁，只要一直发动自己的意志力，都会感到疲惫。在反复五次对孩子讲同一件事情后，J 女士，您的意志力其实已经枯竭。除了您以外，还有多少父母能够做到对孩子连续五六遍重复同一句话却不生气？因此，您最好在五六遍这个范围之内，通过改变自己的话术来引导孩子的行为。我这里有几种能够引导孩子马上采取行动的话术。

假设孩子正在磨磨蹭蹭，而您也察觉到孩子在磨蹭时，对孩子已经产生了不满，最终爆发的怒火正是源自这些细微的小情绪。如果此时您不及时做点什么，无异于为自己"预约"了生气。为此，您可以把信中提到的语句改成能够及时引导行动的句子。

① "妈妈把衣服拿出来了，你穿上吧。"

• 漏掉了"何时"应该这样做。应当明确提醒孩子在什么时候之前应该做好这件事，这样孩子才能意识到情况的紧迫性。

· 示例："我们在十分钟内就要出门，所以你马上把衣服穿好。"

② "时针走到 6 时我们就要出门，否则就该迟到了。所以你现在快点穿好衣服吧。"

· 站在孩子的立场，提醒孩子注意时间，这一点做得非常好。"现在"这个词用得非常精准。但是，如果孩子不愿停下手中的事情去看钟表上的指针，或是孩子意识不到没剩多少时间，那么这样的讲话方式就起不到作用。五岁的孩子仍然对十分钟与六十分钟的时间长短没什么概念。因此，您需要引导孩子看钟表，并且用语言向孩子说明剩下的时间已经不多了。此外，如果结尾用一个问句的形式，效果会更好。孩子接收到问题，会自然而然地去思索该如何回答。而经过自己的思考作出的回答，也是"责任感"的一种体现。

· 示例："××，你看那边的钟表。时针走到 6 时我们就要出门，所以我们现在只剩下 10 分钟的时间准备了。10 分钟相当于你看一集《×××》动画片的时间。你需要在 10 分钟内把衣服穿好，能做到吗？"

③"如果你能自己把一切准备好，妈妈就能轻松一点，而且会很高兴。"

• 培养孩子提前做准备的能力和主导能力是非常重要的。然而，引导孩子养成提前准备的习惯需要花费非常长的时间，而且从头到尾都需要父母反复进行指导。父母处于情绪不稳定的状态时，很难做到有耐心地指导孩子。只有孩子与父母都处于较为放松、悠闲的状态，父母才能更好地指导孩子。

在着急外出的情况下，要做到有效引导孩子，并不轻松。无论父母采用多么优秀的方法引导孩子做出选择、承担责任，也难免对孩子发出指示和命令。需要紧急外出的情况下，妈妈需要对孩子发出清晰明了的行为命令。比如"我数到三之前，把裤子穿好"或是"五分钟之内把衣服和鞋子穿好"这样的语句。

• 如果 J 女士希望培养孩子在时间紧急的情况下把事情一一做好的能力，可以试试这个方法：给孩子两个选项，让孩子自己做出选择。比如，您可以问孩子："你想先穿裤子，还是先穿上衣？"这样，孩子就会自觉地从中选出一个选项。如果马上就要外出，你可以问孩子："你自己穿衣服，还是妈妈给你穿？"大多数孩子都会选择自己穿衣服，但是如果孩子选择了后者也无妨，因为这是孩子自己做出的选择，孩子的决定理应得到尊重。

妈妈可以生气

如果你给孩子的指令是做或者不做，那么孩子大概率会选择不做，但如果你给孩子的指令是先做哪一个，那么事情就会变得有效率得多。

您可以尝试以下话术，在不强迫孩子的同时，引导孩子迅速行动起来。

·xx，你看那边的钟表。时针走到 6 时我们就要出门，所以我们现在只剩下 10 分钟的时间准备了。10 分钟相当于你看一集《xxx》动画片的时间。你需要在 10 分钟内把衣服穿好，能做到吗？

·现在就剩 10 分钟了，你怎么还没穿好衣服呢？马上把玩具放下，去穿衣服吧。

·妈妈已经说过两遍了，你怎么还在玩呢？妈妈心里很着急。我数到三，去把衣服穿好。一，二，三！

·现在真的没时间了，你想自己穿，还是妈妈给你穿？

如果这些语句对于孩子来说有点长，那我们可以把它们精简一下。

·xx，我们 20 分钟后就要出发了，去把衣服穿好。
·现在就剩 10 分钟了，快把玩具放下。

· 怎么还没穿衣服？我数到三，一，二，三！

· 我再说最后一遍，你再不自己穿衣服，那就妈妈来给你穿。

从 J 女士您之前做出的改变来看，您一定会找到跟孩子沟通的最佳方式。而我也坚信不疑：您一定会成为一名能够正向引导孩子成长的伟大母亲。

怎么办？孩子不分青红皂白，什么事都怪妈妈

→ "认清现实"与"替代方案"

去年之前，我一直是一名职场妈妈。两个孩子里，老大性格敏感，爱乱发脾气。我忙着工作，无法经常陪伴孩子，对孩子很是愧疚。因此，无论孩子想要什么，我都会一个不落地满足他。那时我以为，我在很好地践行依恋育儿法①，然而不知道是不是这样的做法产生了"副作用"，孩子一有不如意就会对我发脾气。有些事情我确实无能为力，但他也会把这怪到我的头上。比如今天，孩子希望扔骰子时总是"6点"这面朝上，这怎么可能呢？于是我又成了"背锅侠"！

---

① 依恋育儿法：基于依恋理论和现代育儿哲学提出的育儿方式，强调婴儿与父母之间应当形成身体与情感上的纽带。具体方式包括母乳喂养、同睡一床、密切的身体和情感接触等。——译者注

有了老二以后，我开始辞职做全职妈妈，有了更多时间与孩子相处。然而，孩子仍然无论大事小事都冲我发脾气，久而久之我也感到生气。现在，只要孩子对我稍微发一点点脾气，我马上就会更加激烈地"反击"。我会严肃地对他说，妈妈不是你宣泄脾气的对象。可是冷静过后，我又会感到后悔。

若孩子不分青红皂白，什么事都怪到妈妈头上，冲妈妈发脾气，我该怎么教育他呢？——K

您好，K女士。

我看了您在信中倾吐的苦恼。您是职场妈妈时，努力包容着孩子的一切；成为全职妈妈后，尽管与孩子有更多时间相处，可是孩子的敏感与脾气却变本加厉，您一定非常郁闷且生气。我充分理解您的心情。

我把您的来信反复看了几十遍，从您字里行间的描述里看到了这样一幅画面：您出门上班时，不得不把孩子一个人扔在家里，怀着对孩子的愧疚和心疼，一整天都对孩子牵肠挂肚；您拼命工作，只为能够按时下班回家见到孩子；为了安慰缺少妈妈陪伴的孩子，您拖着疲惫的身体，竭尽所能地逗孩子开心。有了老二之后，您可能担心孩子嫉妒弟弟，所以更加地宠爱老大。同时照顾两个孩子，您已经身心俱疲到极点，却仍然努力包容生性敏感的老大。然而您无法不感到绝望，这样的生活似乎看不到终点。

您是一次次地努力，可是您得到的，只有无尽的疲惫。

首先，我们先来设想一下老大的心理活动：我喜欢妈妈的怀抱，和妈妈在一起时我的身心都感到十分放松。就算妈妈没达到自己的高标准高要求也没关系，只要和妈妈在一起就足够了，因为有妈妈在身边，自己的一切需求都能得到满足。然而奇怪的是，每当我睁开眼睛，妈妈却不在身边，而是要等好久好久才会出现。和妈妈待在一起的时光非常美好，可是也非常短暂。

然而，我曾经那么热切地爱着的、等待着的妈妈如今再也不会消失。不仅如此，妈妈怀里还抱着一个不知道从哪冒出来的小屁孩。我不理解。我讨厌那个小孩独占妈妈的怀抱。因此，我想尽办法推开那个小孩，可是妈妈却对我发了好大一通脾气。不知为何，我很想念曾经的美好时光。虽然十分短暂，但是至少妈妈只爱我一个人。

K 女士，请您回答一个问题：老大最近心里都在想什么呢？他的心情是不是像我所推测的这样呢？

K 女士，您出于对孩子的爱，对孩子进行的是依恋型育儿方式，但是您却选择了对孩子发脾气，而不是与孩子共情。我其实非常理解您，在面对孩子莫名其妙的要求和责怪时，怎么可能不生气呢？就拿扔骰子这件事来说，当孩子无理取闹地执着于数字"6"时，K 女士您的心中一定充满无力感（可是妈妈办不到）和疲惫感（又开始发脾气了）。

无力与疲惫，最终就会发展为愤怒。您一定有过这种想法吧："孩子为什么总对我发脾气？""我什么都顺着你，就觉得我好欺负吗？"尽管实际情况并非如此，但是我们一旦相信自己所想的就是现实，就是真相，当然就不可能心平气和地与孩子继续交流。

K 女士，您所感受到的生气情绪其实来自您自己的期待和需求。您希望孩子转变他的言行方式吗？那么，该怎么做才好呢？

您希望孩子掷骰子没能掷出"6 点"时，不是嘟嚷着抱怨个不停，而是乖巧地对你说"妈妈，我扔不出'6 点'"吗？那么您的需求其实是与孩子好好"沟通"，得到孩子的"尊重"。另外，您希望孩子不要太依赖妈妈，一个人也能玩得开心吗？那么，您的需求其实是"拥有属于自己的时间"以及"好好休息"。妈妈也是人，每时每刻都有需求。当需求得不到满足，您就可能

妈妈可以生气

会感到生气，感到厌烦。因此，我们需要时时留意自己内心的需求。当我们与自己的需求产生"联结"时，需求就能得到更好的表达，从而更有可能得到满足。

我们无论拥有多么强大的共情能力，都不可能无休无止地与他人共情。若我们有足够的意志力和精力，确实可以一直与孩子共情，直到孩子情绪平定下来。但是每个人的精力都有枯竭的时候，当精力告罄，我们就难以继续与孩子共情。因此，妈妈不要强迫自己一定要与孩子共情，在自己力所能及的范围内去做就好。

有趣的是，有的人明明在生气，可是他们却认为，自己并没有生气。K 女士，您好像就是这样。自己不管多么生气，也不可能冲着上司领导发火；无论心中的怒火多么沸腾，也不会冲着婆婆爆发。也就是说，我们冲对方生气，其实是在"看人下菜碟"。

那么，我们通常会对谁发脾气呢？答案是，那些让你感到舒适的人，那些爱你的人，那些关心你的人，那些即便你朝他们发脾气也不会弃你而去的人。正因为如此，我们更容易朝这些人表达自己的愤怒情绪，甚至在其他地方受气后，也会转而冲这些人宣泄自己的愤怒。K女士，您和您家老大都是这么做的，向彼此宣泄自己的

第五章 生气训练实战：生气时可以这样做

愤怒，因为你们互相爱着彼此，你们都是令彼此感到舒适的人。

请您仔细想一想，其实对于您家老大来说，您是他最信赖的人，首先是因为，您是他的妈妈，您是十月怀胎生下他的人，是他来到这个世界上之后喂他吃饭、哄他睡觉的人。对于孩子来说，"妈妈"是一个超越生命的存在。在孩子眼中，妈妈是一个"超能力者"：她身材高大、无所不知、力大无穷，会满足自己的一切需求。而且，K 女士您对待孩子时，比一般的妈妈更加用心，更加包容。您会尽力达到孩子挑剔的标准，满足孩子大大小小的需求。

对于孩子来说，K 女士您是最了解他、最让他感到舒心的人。或许，在孩子眼中，您就是能够让骰子每次都掷出"6 点"的人呢。想到这一点，我们就能想通为什么孩子总是大事小事都冲妈妈发脾气。因为妈妈总是那个一直在解决问题的人。所以孩子遇到问题时，就会理所当然地去找妈妈。

但是，身为妈妈，您不能无限度地包容孩子。K 女士，您需要有意识地培养孩子的情绪调节能力，需要尝试为孩子的行为划定一个界限，因为您的精力并不是无穷无尽的。

总而言之，孩子生气的原因其实就是"需求受挫"。接下来让我们仔细分析一下，孩子在掷骰子这件事上生气的原因。孩子因为骰子掷出的点数总不顺自己的心意而大发脾气。成年人都再清楚不过，每次都掷出"6点"是不可能做到的。但是孩子却没有这方面的知识，因此并不知道这一点。孩子一直对掷出的点数抱有期待，然而期待次次落空，自然就会大发脾气。这种情况下，孩子真正需要的是"认清现实"和"替代方案"。

孩子满周岁以后，父母应当一点一点地教孩子如何调节自己的情绪。满周岁的孩子大多正在学习走路或会走路了，并且能够依照自己的意愿做到越来越多的事情。然而，孩子无论多么好奇，都不可以跑到车道上，不可以因为其他小朋友抢了自己的玩具而出手打对方，不可以因为想要多玩一会儿而耽误睡觉，不可以因为想玩而不老老实实坐着吃饭，不可以因为生气而无理取闹、粗暴地乱扔东西……这些事情，我们都应该教给孩子。

为了提高孩子的情绪调节能力，您可以抓住以下两个重点。

1.认清现实

对于孩子提出的要求，您无法全部满足，也不可以全部满足。您可以尊重孩子的情绪和需求，但是您无法尽善尽美地满足孩子所有的情绪和需求。高自尊的孩子不会随心所欲地想做什么就做什么，而是清楚地知道自己能做什么和不能做什么。您需要明确地告诉孩子，不管他再怎么撒泼发脾气，也无法改变现实。

· 这件事妈妈做不到。

· 原来你想要 xxx 啊。这个想法真的很不错，但是妈妈办不到，怎么办呢？

· 那个玩具真的很酷，妈妈知道你很想要这个玩具，但是妈妈今天没法买给你。

· 妈妈不是万能的魔法师，你想要 xxx，但是妈妈办不到。

· 你再这样一直发脾气，妈妈心里也会不高兴的。

· 你想和妈妈一起待在家里，对不对？可是如果你不去幼儿园，妈妈就没办法好好做家务了。而且，如果你不去幼儿园，也见不到 xx 小朋友了。

2. 替代方案

当孩子撒泼耍赖时，您可以提出一个解决方案。如果孩子还是不停地撒泼耍赖，您可以告诉他继续这样做会有什么后果。

·掷骰子游戏没意思的话，我们玩别的游戏吧。猜谜怎么样？

·你今天必须去幼儿园。如果你听话，周五吃完午饭妈妈就去幼儿园早早接你回家。

·再怎么生气也不能乱扔玩具，你可以告诉妈妈因为什么事这么不高兴。

·你总是朝妈妈大喊大叫，妈妈现在也很不高兴，但是妈妈不想对你发脾气，有什么事等你消气了再说吧。

孩子会犯错，妈妈也是。我们不要紧盯着孩子的过错不放，也要学会放过自己，在无助和疲惫的时候，也想想自己这段时间付出的努力与辛劳吧。

最后，您还可以制定一个小目标，督促自己和孩子从某方面开始做出小小的改变。要知道，微小的行为变化最终会带来巨大的改变。我相信，您一定会成为更优秀的妈妈，开启更加美妙的育儿之旅。

为什么我只对我家二娃发脾气？
→ 因为孩子要么与你太相像，要么与你太不像

　　最近我发现，我只对我家二娃发脾气。之前，我以为这是因为二娃的性格太敏感，爱哭，爱和我顶嘴。现在，我意识到问题其实在于我自己。看到孩子顶嘴的样子、固执己见的样子时，我好像有些反应过度了。难道我骨子里是个强势的妈妈，希望孩子任由我摆布？

　　今天早晨，当孩子哭喊着说"妈妈你快来抱抱我！"时，我对孩子说："别哭了，如果你对我好好说让我抱抱你，妈妈就去抱你。"结果孩子和我大吵了好久。我会出于以下三种情况拥抱孩子：冲孩子发完脾气、训斥完孩子后给孩子一个拥抱；或是在我冷静地转身离开房间，孩子大声哭喊着、用力跑过来时，我会给孩子一个拥抱；偶尔，我会强忍住不耐烦，走上前给孩子一个拥抱。刚才发生的就是我所说的最后一种情况。但是大多数情况下，我会觉得孩子"在跟

我较劲",所以不愿意张开怀抱拥抱孩子。我总是对孩子发脾气,自己也很伤心。——E

F 女士,您好。二娃一般是家里比较受宠的孩子,但是 E 女士反而更常对二娃发脾气。我们常说"手心手背都是肉",可是自己有了孩子后就会知道,手心的肉与手背的肉是不一样的。我们难免会更偏心哪个孩子,或者冷落哪个孩子。其实,不仅是对孩子,我们在其他人际关系中也会产生这样的"偏爱"或"敌意"。同样的行为,A 来做没什么问题,但是如果换作 B 来做,我们就很不爽。

您在信里说道,自己冲孩子发完脾气后也会觉得伤心,对不对?从您的这句话中我能感受到,您迫切地想要知道自己为什么会这样,并想做出改变,想要公平地爱两个孩子。

那么究竟为什么,您偏偏只对二娃发脾气?

当 A 与 B 做出同样的行为,但我们却只对 B 发脾气的原因通常有以下两点:第一个原因是,B 与自己太不像;第二个原因是,B 与自己太相像。这是什么意思呢?

第五章 生气训练实战:生气时可以这样做

1. 生气的原因：孩子与自己太不像

在被问及离婚的首要原因时，人们一般会说因为性格不合。当对方与自己性格不同、行为方式不同时，我们就会感到心里很不舒服。假设我喜欢干净，把家里收拾得整整齐齐，可是你却对此无所谓，甚至家里乱七八糟也无动于衷。于是，我一边到处收拾，一边对你唠叨："好歹收拾一下啊！"而你会做出防御的姿态，对我说："别唠叨了！"我总为鸡毛蒜皮的小事操心，而你的思维方式则是不拘小节，我不愿意轻易说出自己的心里话，而你却喜欢把心里话一股脑都说出来，这样的我们很难理解彼此，无法沟通。我犹犹豫豫，容易被别人误以为"虚伪、做作"；你却想到什么说什么，可是在我看来这种讲话方式很容易伤害到别人。无论是思维方式，还是生活方式都大相径庭的两个人，自然容易产生很多的矛盾。

同样地，父母与子女的性格不同也会引发各种各样的矛盾。比如，在性格内向的妈妈看来，性格外向的孩子就是"嘚嘚瑟瑟""到处瞎跑""不安分"。如果孩子的性格属于考虑仔细、做事有计划的类型，但是父母却是想到什么做什么的性格，那么父母就会给孩子贴上这样的标签："慢吞吞的""想得太多""行动力太差"。

E 女士，您在信中这样描述您家二娃："太敏感""爱

妈妈可以生气

哭""固执己见"等。我猜测，E 女士的性格或许与孩子相反，属于钝感的（此处是褒义词）、比较理智的人，比起固执己见，更懂得适当妥协，去适应他人的想法。如果真是这样，那您家二娃或许会感到很郁闷、很辛苦。您大概经常会有这样的想法："怎么总哭个不停？哭又解决不了问题。""怎么这么喜欢钻牛角尖？差不多就行了。""我都让步了还不行？你到底要固执到什么候？！"

可是，并不是所有性格不同的情况都会引发矛盾。这个世界上依然有性格不同却感情很好的夫妻，依然有性格不同却关系亲密的父母与子女。矛盾的滋生并非来自性格不同，而是源于我们没能接受彼此的不同。那么，这就意味着我们需要提高自己的接受能力。单方面地努力适应不接受自己的父母，对于孩子来说也非常痛苦。我们可以试着整理一下 E 女士与您家二娃之间的不同点。

· E 女士性格迟钝，孩子性格敏感。

· E 女士认为应该做 A 事，孩子认为应该做 B 事。

· E 女士认为很简单的事，对于孩子来说却很难。

· E 女士喜欢 A，孩子却喜欢 B。

· E 女士认为哭泣应该适可而止，但是孩子需要哭很久才能宣泄掉自己的负面情绪，让自己心里不那么难受。

- E女士发脾气是希望孩子能停止哭泣，但是孩子哭得更凶了。

E女士，孩子与您是不同的，而且这种不同是生来就有的，没有什么特别的诱发因素。正如每个人都拥有不同的容貌一样，孩子的情绪、需求、反应和行为也是与您不一样的。并且很重要的一点需要被您看到，孩子也在拼尽全力地希望妈妈可以接受自己的不同。

孩子的某些特点可能让您感到心里不舒服，在您看来这是个毛病，但那也可以是孩子的长处。您在信里曾说过，孩子会固执己见，对不对？可是在当今这个重视自我表达的时代，坚持自己的主张是一个多么优秀的能力啊！这意味着您的孩子将来无论遇到什么情况，都不会萎靡不振，他会懂得保护自己，而且更有可能获得自己想要的东西。您在信里曾说过，孩子太敏感，对吧？其实，敏感还有一个名字，那就是情感细腻。也就是说，孩子的感官非常敏锐，具有出色的觉察能力。拥有这种能力的人，更容易察觉到让自己感到心里不适的事情，并将它表达出来；拥有这种能力的人，更容易细腻地理解他人的情绪与需求；拥有这种能力的人，更容易在写作、艺术创作上有所成就。

妈妈可以生气

2.生气的原因：孩子与自己太相像

这个原因就说来话长了。有一个词语叫作"投射"。许多时候，人们很难做到客观看待外部环境所发生的事情，而是按照自己的模式对其重新进行解读，并将自己身上的特征转移到他人身上，在他人身上看到自己的影子。这种现象在心理学上叫作"投射作用"。

投射分为积极投射与消极投射两种。积极的投射通常发生于我们对他人产生尊敬或称赞的时候。E女士，您有没有自己十分尊敬并想要成为与之一样的人呢？他／她身上的什么特征令你对其如此刮目相看呢？温柔？诚实？勇于挑战的精神？无论是哪种特征，都是您自身的一种映射，只是这种特征在您身上还未开花结果。也就是说，我们与对方具有相同的特征，所以才会对对方身上的这一特征产生"共鸣"。

反之，E女士有没有讨厌的人，经常看不惯、感到不屑的人呢？很可能，对方身上令你讨厌的这些特点也来自您自身影子的投射，这就是消极投射。我们在他人身上看到了自己所具有的、令自己很讨厌的特征，因此我们就会连带着讨厌对方。请您仔细想一想，如果我们非常讨厌自己的优柔寡断，那么当对方也总是显露出优柔寡断的这一面时，我们还会对对方有好感吗？更进一步地说，如果自己深爱的孩子也总是优柔寡断，那么我们

203

作为家长，会担心孩子因为这一点而吃亏，所以希望孩子尽快改掉这一点。

或许，您在信中描述二娃的"太敏感""爱哭""固执己见"这些特征，在您自己的身上也同样具备。或许，您把它们视作自己的缺点，并为了改掉它们付出过许多努力。或许，您小时候有过许多次因为这些特征而被周围的人训斥的经历。那么，E女士您的反应过度并不是针对二娃，而是针对您自己。

在我所居住的小区里，经常能碰到一位妈妈。她说自己的孩子总是太小心谨慎、忧虑忡忡。按理说，四岁的孩子应该活泼好动，可是这位妈妈的女儿却总是畏畏缩缩，对其他小朋友连一句"把玩具还给我"都说不出口。从这位妈妈的眼中，我看到的是她对女儿的忧愁。可是这位妈妈自己也做不到大方地向别人提出要求，她和女儿一样性格内向，而且为此非常烦恼，付出过许多努力希望改善自己的性格。她不希望女儿和自己一样性格内向，和自己一样辛苦。

妈妈们经常纠结于孩子性格内向，并努力想要改变孩子的这种性格。可是，性格内向并不能算作是一个问题，因为孩子的性格其实并没有定型。妈妈们之所以觉得孩子性格内向是个问题，是因为妈妈们自己将其视为

妈妈可以生气

一个问题。

韩国知名的分析心理学者、首尔大学医学博士李富英教授在其《分析心理学的那些事》[①]一书中曾这样写道：

"有阳光就会有影子。每个人都有自己的那片影子。问题是，人们不知道自己的那片影子究竟是何模样。"

E女士，您讨厌二娃身上的某些特征，其实可能是因为您自己也是这样，只不过您一直在压抑而已。您在二娃身上看到了自己的影子，换句话说，当您与二娃吵架时，您其实是在和自己的影子吵架。我们无法摆脱自己的影子，因为影子也是我们自身的一部分。所以，请您停止与影子的冲突，而是睁大双眼，用充满好奇的目光，用充满爱意的目光重新打量您的孩子。

在此，我想分享一个我自己的故事，希望能对您有所帮助。我从小就强迫自己"不许失误"。无论对自己还是对别人，我都要求完美。我不希望被别人看到自己笨拙的一面，因此一句话在说出口前，我会在心中反复斟酌几十遍。为了应对意外情况发生，我会把每件事都提

---

① 此书于2014年在韩国出版，目前尚未有中译本。——译者注

205

第五章 生气训练实战：生气时可以这样做

前做好万全的准备，而且我不会做出冒险挑战的行为。可是，尽管已经事先做好充分的准备，意外情况仍然时时发生，惊慌失措之下，难免会有失误的时候。每当这时，我就会觉得自己很丢人，然后变得更加畏首畏尾。

后来，我开始涉足现在所从事的领域，逐渐接受了自己的影子（笨拙）。现在，我会对自己说："出现小小的失误又怎样？"有时候，我明知道这样做会出现失误，但还是会义无反顾地去做。我不再因为害怕失误而拒绝做出挑战，而是在试错中摸索着前进。因为我已经懂得，后者更能够让我有所收获、有所成长。虽然现在的我仍然害怕自己失误，但是我已经能够逐渐宽容地对待自己的笨拙。因为如果不这样对待自己，我就会无法忍受孩子出现失误，成为苛刻的妈妈。当我们照镜子时发现脸上有黑色的污点时，有没有可能，我们需要做的并不是死命去擦自己的脸，而是将镜子擦干净呢？

总而言之，E女士无法包容的人，有没有可能并不是孩子，而是自己呢？有没有可能，您不是讨厌孩子以及和自己较劲，而是害怕看到自己的影子占上风呢？

无论是因为孩子与自己迥异，还是因为孩子与自己太相像，E女士您对孩子发脾气的原因归根结底在于"接纳"二字。要接纳孩子身上的特点，接纳您自己的影子。

接纳并不等于向现实低头，而是直面现实的本来面目，接受自己所不能改变的部分。请您这样对孩子，也对自己说："这没什么大不了的，可以理解。"这句话蕴含着巨大的魔法，它能够帮助你迅速接受眼下令你感到不满的现状。

儿子脾气暴躁，浑身是刺，我该怎么办？
→ 有问题的是孩子的行为，而不是孩子本身

　　我是一名家庭主妇，有一个九岁的儿子和一个六岁的女儿。我的儿子总是控制不住脾气，为此我真的感到十分苦恼。我的儿子性格敏感、爱挑刺，只要现实与自己的计划或期待稍有不同，他就会大发雷霆，感到十分受挫并就此情绪消沉。他发脾气的时候，拿到什么扔什么。有时冲别人发脾气时，还会动手打人。儿子好像是从四岁开始出现这种变化，当时我有时候情绪冲动会训斥他，甚至体罚他。可是，体罚反而成为毒药，让孩子心中积蓄了更多的愤怒，甚至还出现了 TIC 抽动障碍①的症状。为此我深刻反省过自己，下定决心以后要当一名全盘接纳孩子、温柔拥

────────────

① TIC 抽动障碍：起病于儿童或青少年时期，以不自主的、反复的、快速的一个或多个部位的运动抽动和／或发声抽动为主要特征。——译者注

妈妈可以生气

抱孩子的妈妈。

现在，我尽可能多地听孩子的声音，帮助孩子尽可能多地表达自己的情绪。孩子生气时，两只拳头用力握紧，呼哧呼哧喘气时，我会对孩子说："哎呀，你这么生气！"通过这种对话方式告诉孩子，生气是一件很正常的事情。然后，我会让孩子用气球或数字来表示自己的生气程度，孩子也会跟着努力调节自己的情绪。

虽然情况有所好转，但我还是写下了这封信向您求助，主要有以下两个原因：

第一个原因是，尽管孩子现在的生气程度已经减弱，生气的时间也有缩短，但是我发现在一些本来没什么、无所谓的事情上，孩子也会生气。

第二个原因是，当孩子去到一个新的环境或是遇到意外情况时，就会大发雷霆或是烦躁不已。孩子马上就要升入小学二年级，我们给他转了学，他将要面对许多新同学。可是我很担心孩子到了新环境后能否调节好自己的情绪。

我与孩子陷入了这样的循环：情况稍有好转后，不知不觉间又会倒退回原地；情绪似乎有所稳定后，突然又开始怒气冲冲……久而久之，我和孩子都感到很疲惫，迫切地需要您的帮助。——H

您好，H 女士。

我在阅读您的来信时，感到非常揪心。这么长时间以来，您的内心一定非常煎熬。

抚养一个性格敏感的孩子，需要妈妈付出许多努力与辛劳。信里的字字句句，浸透着您这些年艰难前行时流下的泪水。从孩子四岁到现在，这五年来真是辛苦您了。所幸，孩子的情绪调节能力已经好转了许多，您的辛苦也没有白费，这是一件多么值得祝贺的事情啊！想必您已从过往的经验中得知，训斥、体罚、唠叨、催促……这些方式并没有什么正向效果。于是您不断尝试其他的方式，比如温柔地拥抱孩子、接纳孩子，比如带领孩子进行情绪训练，比如多多创造孩子与家人相处的机会。如何让孩子与自己都更幸福，这是我们身为父母的终身课题。想必过去五年来，您也一定在积极地为之实践，并有所收获。

我之所以首先向您表示祝贺，是因为我想告诉您，尽管您目前仍有烦恼，但是您已经具备了解决烦恼的能力。您在寻找适合儿子的教育方式时，一定是绞尽脑汁，一定流过许多眼泪，一定痛心不已。为了帮助心爱的儿子变得更幸福，H 女士您也一定能找出更多的方法。而我写下这篇文章，是希望能帮助您缩短寻找的过程。

我们的自我调节能力，都由大脑中一个名为大脑眼窝前额皮质区（Orbito Frontal Cortex，简称 OFC）的部位所掌控。令人惊讶的是，OFC 在我们出生三年内就发育得十分成熟。而 OFC 的发育成熟离不开两个条件：第一个是"与主要抚养人之间形成依恋感与信赖感"，第二个是"适当的限制与管教"。

许多人都知道，孩子在三岁以前不能训斥，而是要给他满满的爱。孩子成长到 12 个月左右时，就会开始学习走路，而父母对孩子的"教导"也要从此开始，这样，孩子日后才能拥有稳扎稳打的自我调节能力。也就是说，从孩子出生到学习走路之前，我们需要无条件地爱孩子、照顾孩子，与孩子建立信赖感，培养孩子的共情能力；而当孩子开始学习走路后，我们需要用"不行""很危险"等话语来限制孩子，通过指导与适当管教并行的方式，帮助孩子提升情绪调节能力和行为调节能力。

有了自我调节能力这个"硬件"，孩子在三周岁以后六周岁以前，了解社会的能力、解决问题的能力、良好正确的生活习惯、社交能力、受挫能力、抵制诱惑的能力、瞬时记忆力等"软件"也会一一得到提升。

可是，您的孩子年纪已经不在这个区间内，又该怎么做才好呢？孩子已经错过了培养自我调节能力的重要时期，难道就没有其他办法了吗？当然有。不同于以往的心理学注重人类的心理障碍与心理病理，积极心理学主要通过科学的方式研究人类的幸福与优势。积极心理学向我们揭示了这样一个现实：人类终生都在不断成长与提升。也就是说，我们的大脑终生都在不断地发育、完善。从这一点来讲，H女士，您与您家孩子未来还有很多成长与改变的空间。尽管推翻原有成型的行为模式、建立一种全新的行为模式需要花费一些时间，但是你们完全有可能做到。

在纠正孩子的行为前，我们首先需要考虑一个问题：孩子面对我们时，情绪是否积极？因为如果孩子讨厌我们，那么无论我们说什么，孩子都是不愿听的。就像您家孩子小时候，您越是管教他，他越是不听话一样。所以，您首先要做的，是与孩子建立亲密的母子关系。反之，如果您与孩子已经建立了牢固的情感联结，那么就算您严厉地训斥他，也不会遗留不好的"副作用"。

因此，请您认真思考以下两个问题：

· 孩子喜欢我吗？
· 孩子准备好竖起耳朵听我讲话了吗？

如果您给出的回答不是"Yes"，那么 H 女士，您对孩子的担心与教导落在孩子耳中，只会成为无效的唠叨。那么您需要做的，就是在与孩子对话时，增加"暖言暖语"的比重，比如下面这些：

· 关心：你最近喜欢吃什么菜？/ 这周发生了什么有趣的事情？

· 共情：原来你是因为磕着碰着了很疼，才会这么烦躁啊。/ 上学很有压力，对吧？

· 倾听：你说因为爸爸不让你玩游戏，所以你很不高兴，对不对？/ 你说是因为朋友先找茬，所以你才打了他，对不对？

· 认可：同样是生气，你这次就没有像上次那样乱扔东西，妈妈看到你在努力控制自己的行为，很棒！/ 你自己把书包收拾好了，真是个有担当的好孩子。/ 妈妈为你感到自豪。

· 接纳：原来是这样啊。/ 这没什么大不了的，妈妈可以理解。

· 鼓励：你这么努力，以后会越来越好的。

· 感谢：谢谢你刚才关心妈妈。/ 谢谢你在我刚才做饭的时候帮忙端菜。

· 祝贺：这次的成绩有点进步，你的努力有了回报。

祝贺你。

　　·爱意：爸爸妈妈都很爱你。/你出生的时候，妈妈真的非常高兴。/谢谢你来到我们身边，成为我们的孩子。

　　但是，如果您与孩子的对话中更多的不是"暖言暖语"的积极互动，而是建议、忠告、不满、管教、训斥与唠叨、胁迫与诱哄等消极互动，那么您与孩子的亲子关系就会渐行渐远。知名的心理学家约翰·戈特曼（John Gottman）博士认为，积极互动与消极互动较为理想的比例为 5∶1。也就是说，如果您朝孩子发了一次脾气，那么就需要安抚孩子五次，才能让孩子的情绪真正稳定下来，让孩子受伤的自尊心得到修复。

　　无论孩子有多么严重的问题，都不意味着孩子方方面面都有问题。面对过度敏感的孩子，父母很容易因为急于解决孩子的问题而忽视了孩子的其他方面，忽视了孩子也是一个人，也会有各种各样的情绪与需求。过度敏感的孩子也会有感到幸福的时刻，过度敏感的孩子也会有表现很棒的时候。同样地，您家孩子的情绪调节问题确实需要解决，但是也请您不要忽视，孩子也在竭尽全力改善，孩子自己也有苦衷，孩子拥有无限的能力与可能性。

　　请您多多认可孩子、称赞孩子。我所说的称赞，不是只在孩子表现好时给予的、有条件的称赞，也不是诱哄孩子做出你所希望的举动时发出的有目的的称赞。您的称赞应该像一面镜子，原原本本地映照出孩子所有的优点。哪怕孩子未能取得如意的结果，哪怕孩子未能达到期望的目标，哪怕孩子不如其他孩子优秀，哪怕孩子没能满足父母的期待，也请您给予孩子认可。请您一字一句地告诉孩子，您看到了他的努力，您听到了他的奇思妙想，您看到了他比昨天又进步了一点。孩子只有得到父母发自内心的认可，才会真正地认可自己。

请您多多创造让孩子感到幸福的瞬间。请您多多创造能够让孩子放松地、全身心地感知幸福的机会。如果孩子喜欢家人的陪伴，那么您可以多多创造家庭亲子时光，全家人坐在一起开心地聊天；如果孩子喜欢游乐园，那您可以经常带他去游乐园尽情玩耍。尽管孩子并不是十全十美，但是孩子也有幸福的权利，也有开心享受此时此刻的权利，也有表达高兴或是伤心的权利，也有对讨厌的事情说"不"的权利。就算您找到了有助于情绪调节的好方法，如果这种方法让孩子感到痛苦，那么就请您放弃这个方法。无论专家怎么建议，只要不是适合您家孩子的方法，都不是好方法。而且请您注意，无论您多么努力地改善问题，一旦带上强迫的性质，就会适得其反。

请您多多向孩子表达您的爱意。举世闻名的美国家庭治疗师维吉尼亚·萨提亚（Virginia Satir）要求父母每天必须拥抱几次自己的孩子。她说，我们每个人每天需要4个拥抱来生存，需要至少8个拥抱才能让自己情绪开心。爱是生存的必要条件，所以人人都渴望得到爱。而从父母那里得到的爱则更加珍贵，父母的爱是支撑我们在这艰难险恶的世间披荆斩棘、勇往直前的动力。父母对孩子无条件的爱，父母将孩子视为完整的个体去爱，这才是一切问题的解决之道。请您拥抱孩子，安慰孩子，对孩子说"我爱你"，为孩子准备他爱吃的饭菜，与孩子一起大笑、一起玩耍吧。请您告诉孩子，当他来到世上，小小的一团被您抱在手心里时，您心中涌动的感激之情。请您告诉孩子，无论他做错了什么，都值得被爱，他是无比珍贵的存在。请您告诉孩子，您是多么期盼着他能够健康、幸福。当孩子不小心撞到了椅子，生气地捶打椅子时，请您不要训斥孩子："你自己撞到的，发什么脾气？"而是与孩子共情："撞到了椅子很疼吧？是不是很生气？"

另外，如果孩子出现问题行为，请您一定要及时介入。当孩子做出危险或有暴力倾向的举动时，请您务必制止，但不是以强迫、强制的方式。请您在说每句话、做每件事时务必谨记，您这样说、这样做都是为了帮助孩子更好地成长。训斥（"你究竟怎么搞的？"）、惩罚（"你打了其他小朋友，今天就不准玩游戏了。"）、威胁（"你再这样，我就真的要骂你了。"）等方式，在纠正孩子行为上很可能只能达到一时的目的，无法取得根本的效果，反而会让您与孩子的关系变得疏远。

若想在尊重孩子的同时引导孩子的行为朝好的方向改变，您可以试试下面这几种方法。

1. 询问

· 朋友刚才挨了你打，他会是什么心情呢？

· 当朋友与你意见不一致时，怎样做比较好呢？

· 朋友好像很伤心，你该怎么做才好呢？

2. 坦白心情

· 妈妈很担心你在学校的生活。

· 你好几次没有遵守和妈妈的约定，妈妈现在真不知道怎么办了。

3. 将选择权交给孩子

· 如果下次再打其他小朋友，你就自己选择接受什么惩罚吧。不准玩游戏或者没有零花钱，这两个你自己选吧。

4.提建议

· 朋友如果有让你不高兴的举动，你可试着直接告诉他。

· 与朋友意见不一致时，你稍微作出让步怎么样呢？

5.训练孩子

· 如果朋友再抢了你的东西，你不要打他，而要对他说"还给我"。来，你试着说一遍。

　　H女士，看到要去到新环境里学习的孩子，您害怕孩子惹是生非，担心孩子今年的学校生活不顺利。您要知道，对每一个孩子来说，面对新的上课教室、陌生的老师和同学，他们都会倍感压力、难以适应。而您的孩子从小就十分敏感，那么他感受到的压力会更大，而越是这样，父母越要温柔地呵护孩子："今天辛苦啦，累不累？"鼓励孩子："以后你会做得更棒！"这样有助于孩子的情绪保持稳定。另外，请您考虑孩子的心情，在孩子放学后尽量少带孩子去陌生的地方，少带孩子参加大型的活动。您可以与孩子单独相处，或是选择规模较小的活动场合，与孩子一同享受亲密的母子时光。虽然您迫切地想要解决孩子身上的问题，但是您也要相信，孩子也在努力，他已经尽自己的可能做到最好了。

还有一件事。H女士，请您务必照顾好自己。好好吃饭，好好睡觉，保证自己身体和心灵都能得到最低限度的休息。请您寻求老公的协助，告诉他，孩子需要你们的爱。此外，您还需要一位在内心疲惫至极时可以依靠的人，愿意听您倾诉、无条件支持您的人。

最后，就现在的情况而言，切忌操之过急。当您感到自己越来越急躁时，请您深呼吸，告诉自己："一切都会好起来的。"这句话不会骗您，一切真的都会好起来。

六岁孩子还有分离焦虑，我真的好累
→ 焦虑，越是用力克服越是来势汹汹

　　我家孩子六岁了。孩子三岁前，因为和孩子的语言沟通不顺畅，所以经常训斥孩子。给孩子穿衣服、刷牙、喂饭全都跟打仗似的。我甚至都不敢带孩子出门见人。因为孩子实在太闹腾，我不得不每天威胁吓唬孩子，把孩子看得紧紧的……日子就这样一天一天地过着，等到孩子满了三岁，他不再反抗我，而是学会看我的脸色。

　　孩子五岁时，开始上幼儿园。可是，孩子表现出非常明显的分离焦虑。每天早晨，孩子都哭着说不想去幼儿园……虽然幼儿园的老师说，孩子去幼儿园后，在幼儿园里生活得很开心，但是孩子每天早上都死缠着不愿意和我分开，让我感到很是疲惫。现在孩子上幼儿园已经有一年了，我以为今年开始孩子对上幼儿园应该没那么抗拒了，可是真到开学时，孩子又开始和我难舍难分。

妈妈可以生气

每次我烦躁、想要发脾气时，一看到孩子畏畏缩缩的模样，就只好拼命压制住怒火。虽然现在已经不像以前那样威吓孩子，但是每每看到孩子的模样，我都感到心好痛。虽然现在可能已经迟了，但是我真心想学习如何做才不会伤害到孩子。——S

S女士，我能感受到您深深的后悔之情，以及渴望做出改变的心情。之前我办父母教育的讲座时，曾遇到很多已经五六十岁的父母，他们非常懊悔地说："在孩子小时候，为什么我非要那样对待孩子呢！"他们有多后悔，罪恶感有多深，就有多迫切地渴望改变，但他们的孩子已经长大，确实是晚了。可您还不晚，您的后悔就是"改变"的原动力。

您已经当了六年的妈妈，还算得上是个新手，您的育儿之路还很长。我想，既然您能够深刻地悔过自己，那么未来一定会有更大的改变空间。如果您把这次机会视为改变自己的契机，那么您未来的育儿之路将会更加顺利，更加安稳。

通常，分离焦虑出现于孩子7～8个月大时，会一直持续到三周岁左右。如果在这期间，父母能够恰当地应对和处理分离焦虑，那么在孩了三周岁以后，分离焦虑通常会逐渐消失。如果孩子年龄已经超过三周岁，却依然表现出分离焦虑，那就意味着我们要重视这个问题了。

您在信里说道，孩子实在很难和妈妈分开，对不对？其实这是因为，妈妈是孩子目前最为依恋的对象。至少我们可以这样认为，孩子能纠缠妈妈是一件幸运的事情。因为孩子如果无法从任何人身上获得情绪的安定感，就不会懂得表达自己的负面情绪，只会自己默默在心里消化。这样做表面上或许看不出什么问题，但是久而久之，孩子的愤怒可能会越积越深。

除此之外，您需要关注的一点是，孩子哪怕每天不愿意去幼儿园，但据老师反馈的信息，他在幼儿园里过得也还算开心。父母或许会感到不解，那为什么还是死活不肯去幼儿园呢？这个问题的答案，只有孩子知道：既然都来了，反正妈妈不在这里，不如自己好好照顾自己，不如让自己开心一点。

想到这里，我想给孩子鼓鼓掌。

分开时孩子的情绪十分焦虑，这让父母感到十分头疼，希望孩子尽快平复自己的焦虑，按时去幼儿园。为此，父母通常会这样对孩子说：

· 你和妈妈只是暂时分开一小会儿，马上就能见到了。

· 等你从幼儿园回来，妈妈再陪你玩。

妈妈可以生气

- 你上次不是和妈妈约好了，会乖乖去幼儿园吗？怎么这次又这样？
- 不能因为哭就不去幼儿园。别哭了！
- 耍赖也没用，必须去幼儿园。
- 你到底在害怕什么？幼儿园里有好多其他小朋友，也有很多玩具啊。

说出这些话后，如果孩子还不能乖乖听话，父母就会逐渐失去耐心，吹胡子瞪眼，或是不耐烦地把孩子拉过来强行给他穿衣服，或是威吓孩子要夺走他最喜欢的某样东西。这些言行的出发点是好的，都是为了解决孩子的问题行为（哭着不愿意去幼儿园），但无法从根本上解决问题。

我们是希望消除焦虑（以及焦虑之外的其他负面情绪），然而却未能如愿。我在讲座上经常要求学员们"不要去想苹果"。然而，尽管我们努力不去想苹果，但是当听到"苹果"二字时，有关苹果的想法就自然而然出现。这就如同我们听到"不要想柠檬"这句话时，脑海中会不自觉地浮现出黄灿灿的柠檬，嘴里也开始分泌口水。根据弗洛伊德的观点，我们的无意识不会感知负面信息，但是我们会不自觉地出现想法、情绪或是身体生理上的反应，而且我们无法通过主观努力去调控这种反应。

"焦虑之于我们，越是接纳，越会缓解；越是拒之门外，越是来势汹汹。"

这句话出自哈佛大学医学院临床心理学家克里斯托弗·肯·杰默（Christopher K. Germer）。也就是说，我们要做的不是"消除"焦虑，而是让焦虑自己"消失"，就像我们再怎么对自己说"别焦虑了"也于事无补，别人劝说我们"别担心"时反而更担心一样。我们都希望自己的情绪能够一直风平浪静、无波无澜，可是总会有各种意外的情绪突然到访。这是因为，我们所希望的东西（需求、价值等）并没有得到充分满足或实现。因此，我们要做的不是努力消除负面情绪，而是满足自己的需求。

那么，您该怎么做才能让孩子的情绪平复下来，想去幼儿园呢？只要您抓住一个要点就好，那就是接纳孩子的焦虑。

当孩子表现出焦虑时，请您不要说"没什么大不了的""那也得去幼儿园啊"这种否认孩子情绪的话，或是强行要求孩子做出正确的行为。您首先应该说的，也最应该多说的是："你一想到要和妈妈分开，就很不安是不是？"除此之外，接纳孩子的情绪与需求的话术还有以

妈妈可以生气

下这些：

> ·原来，和其他小朋友一起玩再怎么开心，你也想和妈妈待在一起呀。
>
> ·你这么耍赖不肯去，一定非常不安吧。
>
> ·妈妈小时候也像你这样害怕过。
>
> ·原来你尤其不喜欢和妈妈分开呀。是担心妈妈不来接你吗？
>
> ·你这么黏着妈妈，是不是很喜欢妈妈呀？
>
> ·你不肯去幼儿园，是不是还有其他原因呢？愿意告诉妈妈吗？
>
> ·不愿意去幼儿园，是因为想和妈妈一起玩吗？

或许您会担心，如果自己认同孩子的需求，万一孩子真的不去幼儿园了该怎么办？其实，这样的担心是多余的。因为我们用心倾听孩子的每句话时，孩子也会同样认真地倾听妈妈的话，他们会感受到被认同："原来妈妈理解我的心情呀！"然后内心逐渐找回安全感，一点点平复下来。如果您的孩子从来没听过妈妈用这种方式讲话，那么最开始孩子确实有可能会更加耍赖发脾气，因为第一次看到妈妈愿意接纳全部的自己，所以就更加有恃无恐。这时，就算您心中充满了诸如"觉得妈妈好

欺负？""这下更加无法无天了！"的想法，也请您坚持
接纳孩子。这样，孩子才会感受到与妈妈的情感连接。

孩子身上能够容纳情绪的容器，可能就像一只味碟
那么小。如果想让这个容器变得更大，方法就是给予孩
子"无条件的尊重"，哪怕在他烦躁、发脾气、伤心地哭
泣时，也一样尊重孩子的情绪。此外，我们还要去挖掘
孩子情绪背后隐含的需求。孩子的情绪与需求都得到共
情时，孩子就会停止哭泣和闹腾。

当然，接纳孩子的情绪并不能解决一切问题。我们
还有一个"如何让孩子愿意去幼儿园"的问题亟待解决。
如果我们一味地接纳孩子的情绪，告诉孩子"这没什么
大不了的，妈妈可以理解"，那么孩子的自我调节能力就
得不到提升，甚至可能变成为所欲为、任性、没教养的
孩子。因此，接纳孩子的情绪之后，下一步就是如何将
孩子的行为引回正轨。

将孩子的行为引回正轨，有许多种方法。强制、胁
迫、恐吓、向孩子强加罪恶感与羞耻感、体罚等方式都
伴随"副作用"，当孩子身心成熟、强大起来后，父母的
话就会失去威力，而且最重要的是，这些方式会让父母
与孩子之间的关系变得愈加恶劣。还有一种常用的方法，
就是奖励孩子贴纸或玩具。这种方式无异于给自己"挖

妈妈可以生气

坑"，孩子想要的奖励只会越来越多。这种方式还不利于培养和激发孩子的内驱力，非必要情况下不建议使用。

那么，有没有既能引导孩子行为，又没有副作用的方法呢？有，有且仅有 · 种方法，那就是"让孩子喜欢上这种行为"。如果代入 S 女士的情况，那就是"让您的孩子喜欢去上幼儿园"。以下几种方式有助于促进孩子的心理转变，让孩子从不愿去幼儿园转变为喜欢上幼儿园。

1. 与孩子交流幼儿园的优点

尽管孩子嘴上说讨厌去幼儿园，但这并不意味着孩子讨厌幼儿园的一切。幼儿园当然也有让孩子喜欢的优点。您可以跟孩子一起找出幼儿园有趣的好玩的地方，孩子回答的过程也是说服自己的过程。

· 老师说你今天在幼儿园玩得很开心，你觉得玩什么最开心呀？

· 你最喜欢幼儿园里哪个小朋友？

· 幼儿园今天做了什么好吃的？

· 听说今天幼儿园的活动是教你们吹陶笛？真不错！

· 明天幼儿园会做你喜欢吃的炸鸡腿。哇，好棒呀！

2. 对孩子去幼儿园的行为表示认可

我们都知道要积极地肯定孩子，但不是只在孩子表现好时，只在孩子达到父母要求的标准时，只在孩子做得比其他小朋友出色时才认可孩子。哪怕孩子暂时还没有做得那么好，我们也要努力看到他们的进步，看到他们的潜力，看到他们在未来的可能。如果您能按照以下方式认可孩子，那么您的孩子一定会非常有成就感。

· 虽然你很想和妈妈待在一起，但还是乖乖地去上幼儿园了，做得真棒!

· 昨天哭了 15 分钟，今天只哭了 10 分钟，今天的你比昨天更勇敢哦!

· 你虽然很焦虑，但还是勇敢地去上幼儿园，妈妈真为你感到自豪!

· 老师说你今天在幼儿园里表现很乖，妈妈听到老师这么说时，心里别提有多高兴了!

· 你这周去幼儿园之前哭的时间比上周短了，看来一个月以后你就能像个大哥哥一样啦!

3. 提一提孩子喜欢的小伙伴

当孩子在幼儿园里有了喜欢的老师或者小伙伴时，去幼儿园前就不会那么抗拒。如果您的孩子有喜欢一起玩的小伙伴或者很合拍的朋友，那么您可以带他们一起去公园或者游乐场玩耍。如果您的孩子性格较为外向（善于自我表达，社交能力较强），那么这个方法尤为适用。如果您的孩子较为内向，那么您在尝试这种方法时，可以先试着约一个小伙伴，玩耍的时间控制在一两个小时以内，然后再慢慢增加人数、延长时间。

4. 提升亲子时光的"质量"

孩子从幼儿园回家后，请您首先至少拿出十分钟的时间与孩子亲热，看着孩子的眼睛，叽叽喳喳地与孩子聊天。您可以对孩子说"妈妈也好想你"，也可以和孩子讨论："今天上幼儿园的感觉怎么样？"至于买菜、做饭、刷碗、网购、接突然打来的电话等，都请暂时搁置一旁，孩子回家见到妈妈后的一小时内，请您把孩子放在第一位。如果孩子在聊天时说到自己想玩的游戏、想看的书、想去的地方，也请您有所回应。这样，即使妈妈不在自己身边，孩子也能感受到妈妈浓浓的爱意。

您在信中说到，在孩子三周岁前，会经常训斥孩子是吗？虽然我不知道您为什么这样做，但是您的这种行为已经给孩子的心里留下了伤口。请您一定要好好呵护，直至孩子的伤口愈合。有机会的话，也要诚恳地向孩子道歉。若想修复孩子与您之间的信赖感、重建孩子的自尊，您还有很多事情要做。请马上行动起来，因为拖得越久，修复母子关系所要花费的时间跟精力就越多，而且孩子升入小学后，还要面临学习上的压力，因此希望在此之前您和孩子就拥有牢固的亲子关系。

⌈ ⌉ 后记
⌊〜⌋ 未来的人生，取决于我们此刻的选择

美国印第安纳州25岁的女孩萨拉·康明斯（Sarah Cummins）在婚礼前一周，不得不临时取消婚约，原因是与她交往4年的男友突然不知所终。这对她来说该是一个多么大的打击啊！可是，萨拉却无暇伤心，她亲自联系了100多名婚礼宾客，向他们挨个解释婚礼已经取消；还要取消预订的婚宴和计划好的新婚旅行。雪上加霜的是：将近3万美元（约合人民币20万元）的婚宴定金无法退款，全部打了水漂。如果是你面对这样的情况，你会怎么做呢？

萨拉的选择出乎所有人的意料：她决定将婚宴改造成一场招待当地流浪汉的派对。这顿丰盛的晚餐包括鲑鱼、牛排，从前菜到饭后甜点一应俱全。一些当地团体组织感动于萨拉做出的这个决定，也纷纷为流浪汉捐赠

了许多衣物，包括正装、裙子，并安排了专车接送。对于漂泊街头的流浪汉们来说，这无异于一场豪华盛宴。

萨拉的这个决定，是不是很令我们感动呢？

当人生中发生令我们痛苦的事情时，我们常常不愿意接受现实："我为什么会遭遇这种事情？"或是指责对方："你怎么能这样对我！"或是指责自己："我当时为什么偏偏那样做！"或是一蹶不振："我的人生完蛋了。"痛苦本身只有 10 分，可是它却被我们放大到 100 分甚至 1000 分，然后陷入痛苦的泥淖里无法自拔。

可是，事情已经发生了，不容我们改变。指责对方或许能让我们心里暂时好受一些，但是却无法让我们的伤口复原；而且如果我们指责对方，想必更难得到对方的解释或道歉。自责这种方式则更加糟糕，事情已然如此，我们又有什么错呢？

我们的人生不会完蛋，只要我们还在呼吸，我们的人生就还在继续。不仅如此，未来的人生，取决于我们此刻的选择。

从前，我面对权威只会一味服从，这导致我一度不懂得用言语表达自己的情绪。高三那年，丧心病狂的班主任把凉水灌进我的校服后衣领时，我一声都不敢吭；

工作加班时，我也不敢为自己争取加班费，因为我只是个无足轻重的合同工；被公司从组长降为普通员工时，我只会默默哭泣，不敢为自己争取正当权益。当我在外面遭遇烦心事时，回到家后就会对无辜的家人发脾气，一连好几天都无精打采。我真的很讨厌这样的自己。

今年是我成为生气训练导师的第 11 年。如今的我，至少能时时照顾到自己的情绪，并在需要时表达出自己的情绪。而且，我也逐渐敢于站在比我更强大的人面前，坦荡地为自己发声。我从过去让我受伤的经历中学到了如何在一段关系中保护自己，也渐渐懂得如何在情绪崩溃后进行修复与重建。虽然改变的过程十分漫长，常常令我郁闷、焦躁，但即便如此，我也从未停止过努力。就这样，漫长的改变过程与微小的选择积聚起来，成就了如今的我。我现在的人生，就是自己曾经梦想的模样。

不仅如此，我还经常将自己的人生智慧与孩子分享。我家孩子性格小心谨慎，在与大大咧咧的朋友交往时，常常吃力又吃亏。我在与孩子共情的同时，也尽力引导孩子学会在比自己更强大、更有智慧、更年长的人面前勇于表达自己的想法。

未来，我希望自己能够帮助更多的女性、更多的孩子活出自我，我希望自己能够帮助大家释放被压抑的情绪，找回自己被吞没的声音，铸就属于自己的幸福。出于这样的愿望，我写下了这本书，为大家未来的人生旅程铺就一方基石。希望读过本书的妈妈们，能离心灵的平和更近一步。

附录
情绪表格 & 需求表格

1. 情绪表格

　　下面这张表格，集合了我们在日常生活中常见的各种情绪。当你：

　　（1）明明很生气，却意识不到自己的情绪时，

　　（2）真的想要了解为什么家人如此生气时，

　　（3）想知道自己的情绪在一天之中如何变化时，

　　（4）想用确切的语言表述自己此时此刻的情绪时，

就可以在下面的表格中寻找合适的词语表达情绪。如果你平时没有察觉自己情绪的习惯，那么你可以将这张表格剪下来，贴在冰箱上或是其他显眼的地方，忙碌之余可以随时查看。

自信	充实、有信心、笃信、自豪、底气十足、傲然自得
幸福 / 满足	心情愉悦、高兴、开心、幸福、心满意足、兴致勃勃、怡然自得
安宁	紧张缓解、安定、松弛、冷静、平实、从容、悠闲、心平气和
有趣 / 兴奋	喜欢、有意思、激动、兴高采烈、心潮澎湃、激奋、狂喜
希望 / 活力	期待、获得勇气、获得自信、乐观、斗志昂扬、备受鼓舞
爱 / 感动	心动、依恋、温暖、亲昵、心里软乎乎的、感动得心里发酸、神奇

害怕 / 恐惧 / 焦虑	焦急、可怕、忐忑不安、毛骨悚然、僵直、害怕、烦躁、心脏怦怦跳、焦躁
愤怒 / 厌恶	发怒、生气、发神经、暴怒、烦、生闷气、别扭、不满、不悦、轻蔑
羞耻 / 罪恶感	慌乱、抱歉、尴尬、难为情、羞愧、丢人、害羞
伤心 / 心累	心力交瘁、哭泣、泄气、感到心里很受伤、悲伤、不抱希望、抑郁、惆怅、无欲无求、绝望、退缩

孤独 / 孤零零	空虚、寂寞、思念、孤独、孤立、黯然、距离感、关闭心扉、不甘心、漠不关心
疲惫 / 厌倦	精疲力竭、疲惫不堪、蔫头巴脑、四肢酸软、困倦、倦怠、无聊、乏味
压力感	烦乱、烦恼、苦恼、麻烦、牢骚满腹、倍感压力、难堪、不顺眼、神经过敏、烦不胜烦、过度敏感
内心一团 乱麻 / 痛苦	感到不适、放不下心、心乱如麻、惴惴不安、散漫、反复想起、惊讶、感到心碎、悲惨、心里很受伤、受到委屈、痛苦、憋屈

★ 本表格的制作参考马歇尔·卢森堡（Marshall B.Rosenberg）的《非暴力沟通》及金海坤的《真正的沟通》。

2. 需求表格

下面这张表格涵盖了人类所有的普遍需求。当你：

（1）想要清楚地知道自己想要的是什么时，

（2）想要了解自己为什么出现某种情绪时，

（3）想要了解对方生气是出于何种需求，并想满足对方的需求时，

（4）想要找出自己与对方意见不合背后各自的需求是什么时，

可以参考下列表格。如果我们能够明确地了解自己的需求，并努力满足自己的需求，那么我们的人生就会更加幸福美满。

生存需求 （保障身体状态与精神状态稳定）	食物、住宅、休息、睡眠、肢体接触、性表达、性欲、情绪稳定、身体状况稳定、经济保障、被照顾与被保护、人身自由、健康、温情
爱的需求 （归属感、相互依赖感）	亲密关系、情感联结、纽带、对话、沟通、体贴、尊重、共情、希望了解自己、想要了解他人、做贡献、志愿服务、支持、团结、帮助、感谢、理解、爱、关心、友谊、信赖、可预测性、一贯性、共同体、分享
力量的需求 （取得成就、获得认可）	平等、自信、存在感、能力、被认可、自我表达、重视、尊重、拥有目标、高效、熟练、力量、专业性、挑战、成就、成果
自由的需求 （自律与选择）	选择、独立、解放、私人时间与私人空间、可控性、自发主动、自我调节、自我掌控、主导性、有主见、活出自我
快乐的需求 （游戏与学习）	兴趣、游戏、学习、成长、幽默、刺激、发现、挑战、有所收获

★ 本表格的制作参考威廉·格拉瑟 (William Glasser) 的《选择理论》。

图书在版编目（CIP）数据

妈妈可以生气：吼娃又后悔的心理治愈课 /（韩）金芝惠著；刘亚斐译. —长沙：湖南教育出版社，2023.6

ISBN 978-7-5539-9596-0

Ⅰ. ①妈… Ⅱ. ①金… ②刘… Ⅲ. ①家庭教育 Ⅳ. ①G78

中国国家版本馆CIP数据核字（2023）第099318号

엄마의 화코칭 Copyright © 2018 KIM Jihye All rights reserved.
First published in Korean by Cassiopeia Publishing Company
Simplified Chinese Translation rights arranged by Cassiopeia Publishing Company through May Agency
Simplified Chinese Translation Copyright © 2023 by Hunan Education Publishing House Branch, China South Publishing &Media Group, CO., LTD
湖南省版权局著作权合同登记章字：18-2023-154号

MAMA KEYI SHENGQI——HOU WA YOU HOUHUI DE XINLI ZHIYU KE

妈妈可以生气——吼娃又后悔的心理治愈课

出 版 人：刘新民
责任编辑：姚晶晶
封面设计：宋祥瑜
出版发行：湖南教育出版社（长沙市韶山北路443号）
电子邮箱：hnjycbs@sina.com
网　　址：www.jiaxiaoclass.com
微 信 号：家校共育网
客服电话：0731-85486979
经　　销：全国新华书店
印　　刷：湖南省众鑫印务有限公司
开　　本：880 mm×1230 mm　1/32
印　　张：8
字　　数：200 000
版　　次：2023年6月第1版
印　　次：2023年6月第1次印刷
书　　号：ISBN 978-7-5539-9596-0
定　　价：49.80元